有趣的汉字王国
①

汉字风云会

《汉字风云会》栏目组◎编著

关正文◎总策划

 咪咕古阅读　海峡出版发行集团 THE STRAITS PUBLISHING & DISTRIBUTING GROUP ｜福建教育出版社　青葫芦

本书顾问

王 瑾

杭州师范大学小学语文
教学法研究所副所长

刘丹青

中国社会科学院语言研
究所所长

刘祥柏

中国社会科学院语言研
究所教授

李山川

汉字科普学者

杨无锐

天津师范大学教授、文
学博士

张一清

教育部语言文字应用研
究所研究员

林志强

福建师范大学文学院副院
长、汉语言文字学博士点、
硕士点学科带头人

程 荣

中国社会科学院语言研
究所研究员、《新华字典》
第 11 版修订主持人

韩田鹿

河北大学文学院教授、硕
士生导师

鲁大东

中国美术学院书法博士

蒙 曼

中国社会科学院语言研究
所研究员、博士生导师

廖文豪

文化嘉宾

谭景春

中国社会科学院语言研
究所词典编辑室主任

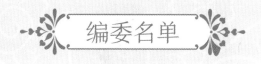

编委名单

丛书主编

沈小玲

丛书副主编

平　颖

分　册　主　编

张鑫凤

分册副主编

洪　峰　龚　静

分　册　编　委

徐灵君　史蓉芳　刘　芳　宋　燕
屠益琼　王庆丰　张卓芳　姜苏娟

思维的密码　微观的世界

所有买了这本书的家长都是非常有眼光的家长，所有在看这本书的小朋友都是非常棒的孩子。因为对每一个中国人，汉字都是生命成长的根。这是个坏消息，也是个好消息。

坏消息是汉字太难写了。好多老外，学了好多年汉语，中国话说得跟中国人似的听不出多大破绽，一到写汉字就露了馅儿。可见写汉字有多难。所有中国孩子都要把学习阶段的相当一部分精力用到学写汉字上，这个过程有点枯燥，有点漫长。但好消息是所有的中国人都因此成了超人，因为我们掌握了一种由人类发明的、复杂的交流工具。

除了汉字，别的文字都只能表示说话的声音，汉字却是在表达词语的意思。人类的祖先在发明不同文字的时候，有很多都是从画画开始的，但是别人都嫌麻烦，后来都改用表音体系了，只有汉字传到了今天。每个字都有自己的历史，每个字都包含着一个思维的密码，每个字都是一个微观的世界。这很了不起。所以学习汉字，比学习其他语言的文字有更多的乐趣和收获。

从这个角度而言，这是一本有关字的故事的书。它可以帮助孩子们记住很多汉字和语词，并且让这个过程变得有趣。也许有人会问，我还有那么多数学、英语作业要做，还要学钢琴，还要去游泳、踢足球，认识那么多字有什么用呢？这真是一个糊涂的想法，因为你想做好任何事情，都离不开认识很多字这个基础。

这个道理很简单，因为你做的所有事情都需要用脑子。什么叫用脑子呢？就是要体会、要琢磨、要有自己的判断。语言不光是用来说话的，它还是你思考的工具。认识的字少，你的语言就贫乏，你思考的工具就简单。同样是赶路，你光着脚连鞋都没有，能走多远呢？

认的字多，就能读懂更多的好书；会写的字多，就能更好地表达你的意思。简单的文字是很难表达复杂的感受和思想的。我们就说吃吧，这很简单是吧？如果你吃到一种别人没有吃到的食物，想跟别人说说有多好吃，可你只会用"香"这一个字，那你的感受可能根本就说不清。你可能需要用到"甜""酸""脆""滑""酥""糯""暄"等等好多可以用的字，你会的越多，就能说得越准。如果你用你发明的新科技发现了新的宇宙，这可比吃到一种新食物伟大多了，但你只会用"美"这一个字来描述你的发现，别人一定会以为你什么都没发现呢。所以，大家应该尽可能认识更多的字，掌握更多的词。

还有一个需要嘱咐小朋友的是，你们的爸爸妈妈为你们买了这本书，可能他们想到的只是让你们好好学习汉字。其实，你们学了之后，也可以成为父母的老师。你们可能不知道，人一辈子写字最多的时期，就是你们现在这个上学的阶段。大人们离开学校久了，习惯使用电脑，每天真正拿手写的字都不如你们多。不常写就会忘，所以很多字你们会写，大人不一定会写。你们可以经常拿着书里的字词考考父母，帮助大人进步。

《汉字风云会》希望能帮助小朋友们更加有趣、更加高效地识字、写字。它的成果在这本书中。节目和书的源头都是咪咕智能词库，但却是两条河流。先看节目再看书，像是换了一道风景，两岸的景色完全不同，书里的花花草草更加细腻、立体。先看书再看节目，像是带着风景走进了电影院，每个字词都成了风景中的游戏。

感谢所有的观众和读者。识字和写字是一件应该持续终生而且非常享受的事情。

关正文

2017 年 10 月 18 日

目 录

象形字

按照事物的形状画出来。

鱼，甲骨文为"🐟"。上面是头，下面是尾，中间的斜线表示鱼鳞。

指事字

不能画出来时，就用一种抽象的符号来表示。

刃，甲骨文为"🔪"，意思是刀的锋利部分，用"刀"上加一点来示意。

形声字

由形旁和声旁组成。形旁表示字的意思或类属，声旁用来提示发音。

娴，形旁是"女"，声旁是"闲"。

会意字

两个或两个以上的偏旁组合起来，另造新字。

休，甲骨文为"休"。一个人在树下歇息。

爆 冷 门

不被注意的领域里出现了引人注目的人或事，也指在比赛中弱者出人意料地取得了好成绩。

你知道吗？

"爆"小篆写做""。右边部分是"暴"字，"暴"是一个会意字，战国时期写做""，最上面是"日"，中间是"出"，最下面是两只手的样子，意思是双手捧物在太阳下曝晒。到小篆的时候，最下面又加了一个"米"，变成""，再渐渐演变成楷书"暴"。

举个例子

3月21日，沈阳军区某炮兵团轻武器射击爆出冷门，女兵班列兵刘敏获得个人第一名，成为团里第一位在创破纪录比试中夺魁的女兵。

《解放日报》2014年4月21日

射击场上爆冷门

　　都说，爆冷是体育的规律，意外是奥运的精彩。

　　1984 年 7 月 29 日，是足以载入中国体育史的一天。当天上午，中国射击运动员许海峰大爆冷门，击败了夺冠大热门的瑞典老将斯卡纳克尔，摘取了洛杉矶奥运会的首枚金牌，成为中国参加奥运会历史上的首位奥运冠军。而另一位中国选手王义夫，获得了铜牌。他们向全世界展示了中国运动员的实力和风采。

　　但是，那天的颁奖典礼却迟迟没有开始。许海峰他们一直在那儿等了好久，才开始颁奖。颁奖结束以后，射击组委会向中国射击代表团道歉，说："实在对不起，是我们准备不充分。因为组委会也没有想到，第一天第一个项目的比赛，一个国家只允许两名运动员参加的情况下，结果中国的两名运动员都进了前三名。颁奖要升两面中国国旗，但我们只准备了一面。"

陈 词 滥 调

陈旧而不切合实际的话。形容语言陈腐，含贬义。

你知道吗？

"滥"本义泛滥，引申为浮泛、不合实际。我们平时说的泛滥成灾、狂轰滥炸用的就是引申义。陈词滥调中的"陈"，指言语过时而没有新意，"滥"指过度使用而流于空泛。无论是"陈"还是"滥"，说的都是内容不能推陈出新，而不是指具体物质的腐烂，所以不能写成"陈词烂调"。

举个例子

不巧的是，凡是长篇散文，新鲜意思却非常之少，语言也是陈词滥调。

孙犁《读一篇散文》

管辂老生常谈

众所周知，三国时期的诸葛亮是个绝顶聪明的人。殊不知那时还有一位比诸葛亮更为出神入化的人物，他是个预言家，名字叫管辂（lù）。管辂的才能口口相传，日子一长，便传到吏部尚书何晏、侍中尚书邓飏（yáng）耳朵里。

一日，正值农历十二月二十八，两个大官闲来无事，便派人把管辂叫来替他们占卜。管辂早就听说这两人是曹操侄孙曹爽的心腹，倚仗权势，胡作非为，想趁这个机会好好灭灭他们的威风。何晏见到管辂，就嚷嚷："听说你的占卜非常灵验，给我算一卦，就算一算我还有没有机会升官发财吧！最近我老是梦见苍蝇叮在鼻子上，是何预兆？"管辂思索了一会儿说："周公忠厚正直，辅佐周成王建国立业，国泰民安。你的职位比周公还高，可感激你的人很少，惧怕你的人却很多。你的梦是个凶兆啊，只有好好行善事才能消灾。"何晏听后脸色铁青，一言不发。邓飏听了，嗤之以鼻，说："这些陈词滥调毫无意义。"管辂哈哈一笑，又说："老生常谈的话，断不可轻视！"说完扬长而去。不久，何晏、邓飏与曹爽一起因为谋反而被诛杀。

故事中两个大官不听训诫，把管辂的话当作陈词滥调，对自己的言行没有丝毫悔改，难怪有如此下场。

汉字大玩家

猜一猜歇后语

演古戏打破锣——（　　）

【 gān bài xià fēng 】

甘拜下风

佩服别人，自认不如。拜，拱手弯腰。

你知道吗？

"拜"字在西周时期有两种写法，第一种"米"，第二种"米"。一边表示手，一边表示植物，形状就像用手连根拔掉一种植物。所以，"拜"字最初的意思是"拔"，后来就从"拔"这个意思中引申出提拔的意思。古人表示授予某人官职，就用"拜"，有提拔之义。

举个例子

如此议论，才见读书人自有卓见，真是家学渊源，妹子甘拜下风。

〔清〕李汝珍《镜花缘》

"甘拜下风"的由来

春秋时期，晋国遭遇了粮荒。晋惠公只得派人到秦国请求借粮。秦穆公征求大臣公孙支的意见，公孙支说："饥荒与丰饶是相互更替的，晋国目前的情况哪个国家都可能遇到，我们应该要借粮给他们。"秦穆公听取了公孙支的意见，送给晋国大批粮食，帮助晋国渡过了粮荒。

过了一段时间，秦国果然也发生了粮荒，就向晋国借粮。没想到，晋惠公听信谗言，不但不借粮，还想乘机攻打秦国。秦穆公亲自带兵迎战，大败晋军。晋惠公成了秦国的俘虏，晋国的大夫们也垂头丧气地跟在后面。秦穆公对晋国的官员们说："虽然晋惠公忘恩负义，但我们秦国不会把你们作为俘虏带回国去的。"晋国的大夫们纷纷下拜叩头："我们在下风，听到了您在上风头说的话，希望您说话算数。"秦穆公果然信守承诺，把他们都放了。

后来，人们就用"甘拜下风"来表示对别人的佩服。

各行其是

各自按照自己认为正确的去做。一般用来形容团队里的人思想、行动不一致。

你知道吗?

"行"甲骨文里写做"",像不像四通八达的十字路口?所以这个字的本义就是十字路口。它有两个发音,一是 háng,如行列、排行、银行;另一种发音是 xíng,如行走、言行、行动。各行其是里的"行"读为 xíng,是"做"的意思。

举个例子

我之求死,你之求生,是各行其是。

〔清〕吴趼人《痛史》

共 同 一 心

　　越国人甲父史和公石师各有所长。甲父史善于计谋，但处事很不果断；公石师处事果断，却缺少心计。有一次，国王派他们两人一起出去打仗，可是在行军策略上，甲父史崇尚以逸待劳，而公石师则喜欢以快取胜。这完全不同的命令，经常搞得将士们一头雾水，延误了战机，使得越国吃了好几次败仗。

　　一个叫密须奋的人对此感到十分焦虑。他对二人说："西域有一种双头鸟，这种鸟有两个头，它们共同长在一个身子上，但是它们之间互不相容，都只按照自己的想法做事。每当找食的时候，一个往东边，一个往西边。长此以往，双头鸟活活饿死了。你们看，这越国就像双头鸟的身子，你们两位就像这两个头，如果你们继续各行其是，越国迟早要被你们害得灭亡。"

　　甲父史和公石师听了密须奋的一席话，恍然大悟，说："多亏您点醒了我们！我们都觉得自己的想法是对的，在行军打仗中坚持己见，结果吃了败仗。现在我们知道只有团结合作，取长补短，才能帮助越国赢得最终的胜利啊！"

鬼斧神工

好像是鬼神而不是人工制造的，形容建筑、雕塑等的技艺非常精细巧妙。

你知道吗？

"工"是象形字，在商代的时候，它写做"古"，下面这个方框代表古时候工匠画直角或方形的工具——曲尺，后来这个方框形就简化成一横，字形基本就和现在的"工"字差不多的样子了。所以，"工"本来的意思是曲尺，但这个本义早就失落了，后代用的都是引申义，最直接的引申义是工匠的意思。

举个例子

这个小故事我想不是无稽的，因为世间的确有许多"功参造化""鬼斧神工"的巧匠。

秦牧《艺海拾贝·酷肖》

梓 庆 做 镰

春秋时期，鲁国有个木匠叫梓庆，他能削刻木头做镰（jù）（镰是古代悬挂钟磬等乐器的木架立柱，形状像猛兽）。他的镰做成后，形象逼真，活灵活现，见到它的人都特别惊奇，不相信这是人工做出来的，而好像出于鬼神之手。

鲁侯也惊叹于梓庆的精湛技艺，便问他："你用什么法子制成这么精致的镰呢？"梓庆谦虚地回答道："我只是个做工的人，哪有什么特别的秘诀呢？只不过在做工前，从不敢随便耗费精神，必用斋戒来让心沉静。斋戒三天，我不再想着为了获得赏赐、封官而做镰；斋戒五天，我不再想着为了获得好名声而做镰；斋戒七天，外界任何事物都影响不了我了，我已经达到忘我的境界。然后我再进入山林，观察各种木料，不断比较，选择质地好而且外形与镰最相合的木材，此时镰的形象仿佛就在我眼前似的。最后，我将全部心血凝聚于此，专心致志，精雕细刻，不敢有一丝一毫马虎。如果有一点条件不具备，我宁可停工不做；如果作品有一丝瑕疵，我宁可重做。人们以为如此精巧的作品是鬼斧神工，奥妙可能就在这里。"

鲁侯听了，连声称赞："梓庆做镰，非常人能比啊！"

[hā mì guā]

哈密瓜

甜瓜的一大类，品种很多，果实较大，果肉香甜，多栽培于新疆哈密一带。

你知道吗？

"蜜"和"密"读音一致，"蜜"的本义是指蜂蜜，引申为甜美，如蜜饯、甜言蜜语等词中的"蜜"就是这个意思。哈密瓜产自新疆的哈密一带，是哈密的瓜，所以称为哈密瓜，千万别写错了哟！

举个例子

太阳在天空中挂着，一阵微风吹过，一个个大大的哈密瓜，高兴地享受着夏天的抚摸。

佚名《哈密瓜的故乡》

哈密瓜得名趣闻

清朝康熙年间，皇帝为了维护新疆的统治，便封新疆的玉素甫为哈密王。玉素甫受宠若惊，对皇帝感激涕零，就组织了一个庞大的骆驼队，从新疆运了一大批甜瓜到北京向皇帝进贡。康熙皇帝吃了这种甜瓜，觉得味道极佳，便问左右大臣："这瓜叫什么名字啊？"大臣们一不知瓜名，二不晓产地，都支支吾吾说不出个所以然来。其中一位大臣十分聪慧，顺口就说："这瓜嘛……出自哈密，是哈密王所贡，自然就是'哈密瓜'啦！"从此就有了"哈密瓜"这个叫法，哈密瓜也成为贡品，每年都会不远千里被送到京城，给皇帝和贵族们享用。

小链接

新疆位于我国的西北角，远离海洋，周围是高山，因而气候干旱少雨，夏热冬寒，昼夜温差很大。这样的气候使得当地的水果大都甜美可口，如葡萄、西瓜、哈密瓜等都是如此。

提纲

提起网的总绳，现指（写作、发言、学习、研究、讨论等）内容的要点。

你知道吗？

"提"本义为垂手拿着。在小篆中，"提"字左边是一只手的形状，写做"⼿"，表明"提"字与手有关。后来引申为说起、举出，如提出、提要。"提纲"字面意思是提起网的总绳，所以不能写成"题纲"。

举个例子

她这会儿坐在草地上，考虑着发言提纲。

浩然《艳阳天》

一 字 千 金

人们讲到《吕氏春秋》，都以为是秦国丞相吕不韦写的，其实是吕不韦组织他的门客集体编写的。

吕不韦很有雄才大略，他招来了很多文人学士，给他们优厚的待遇，让他们著书立说，以此来实现自己的抱负和愿望，使自己名留青史。

《吕氏春秋》编写完成后，为了扩大影响，吕不韦想出了一个绝妙的办法。他让人将全书抄写了一遍，悬挂在咸阳城门，说谁能改动一字，就可以得到一千两黄金作为奖励。消息传出后，人们蜂拥而至，却没人能改动一个字。这本书真是好得连一个字都不能改动吗？其实未必，有可能是大家畏惧吕不韦的权势，不敢得罪他而已。

《吕氏春秋》体现了吕不韦的治国纲领，他认为抓住了"纪"和"纲"，就掌握了用人的方法，让人民为国效力，那么国家就会强大起来。"纲举目张"就是从吕不韦的这一论点演化而来的："纲"是网上的大绳子，目是网上的眼；提起大绳子，一个个网眼就张开了，比喻做事情要抓住关键。

汉字大玩家

"提名"和"题名"是两个同音异义词，你能分辨它们吗？

1. 陈凯歌新作《搜索》代表中国内地角逐奥斯卡最佳外语片（　　　）。

2. 十年寒窗，一朝金榜（　　　），是人生一大喜事。

尾大不掉

尾巴太大，难以摆动。比喻机构下强上弱、组织涣散，以致指挥不灵。

你知道吗？

"掉"是个形声字，本义是摇动、摆动。引申为卖弄、丢失、调换，比如"掉书袋"，就是指卖弄才学。我们学习知识，要脚踏实地，有真才实学的人是不会处处掉书袋的。

举个例子

若由是观之，则害于国，末大必折，尾大不掉，君所知也。

〔春秋〕左丘明《左传》

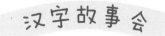

申无宇巧劝灵王

春秋时，楚国的国君楚灵王派自己的儿子弃疾灭掉了蔡国，之后他想派弃疾去做蔡国的长官。楚灵王就此事向大臣申无宇征求意见。申无宇想了想，说："想当年，郑庄公让自己的第二个儿子子元去掌管栎地，留下后患，使得大儿子在国君之位上坐不安稳。"

他见自己的话让楚灵王有所触动，就趁热打铁地说道："臣听说，亲近的人不宜派去边境，疏远的人不宜留在朝廷。现在把王子弃疾派去边境，恐怕不太合适。"接着，申无宇又列举了郑、宋、齐、卫四国曾发生动乱的例子，最后语重心长地提醒楚灵王："末大必折，尾大不掉。"意思是树梢过大，树一定会折断；尾巴过大，就摇动不起来。

楚灵王觉得有道理，就采纳了申无宇的建议。

【 xíng jì kě yí 】

形迹可疑

行为举止和神色令人怀疑。

你知道吗？

"形"本义是指万物的形状、样子、身体，如形影不离，就是说彼此关系十分密切，就像身体和影子一样紧紧相随，密不可分。

"形"引申为容貌、神色之意。孔子曾说："望远者，察其貌，而不察其形。"意思是说看远处的人，只能看到大体样子，看不到容貌神色。

举个例子

连我们也不知道，只听吩咐查察形迹可疑之人。

〔清〕吴趼人《二十年目睹之怪现状》

板桥智退盗贼

　　清代书画家郑板桥年轻时家贫如洗。一天晚上，他饥肠辘辘地躺在床上，辗转难眠，忽然看见窗纸上映出一个形迹可疑、鬼鬼祟祟的人影。他立刻断定，一定是小偷光临了，可又转念一想，我家徒四壁，有什么值得你拿的呢？于是，郑板桥不动声色地高声吟起诗来："大风起兮月正昏，有劳君子到寒门。诗书腹内藏千卷，钱串床头没半根。"小偷一惊，知道自己已经被屋里的人发现，吓得连忙转身就溜。此时，郑板桥并没起床追小偷，而是慢悠悠地说："出户休惊黄尾犬，越墙莫碍绿花盆。"这下，小偷连大气也不敢出了，只想着赶紧翻墙逃跑，却不料把几块墙砖碰落在地上。家里的黄狗闻声狂吠不止，追上小偷就咬。郑板桥披衣出门，喝住黄狗，把小偷扶起来，送到大路上，作了个揖，规劝道："夜深费我披衣送，收拾雄心重作人。"

汉字大玩家

你知道带"疑"字的四字成语有哪些吗？填一填。

疑			
	疑		
		疑	
			疑

【yán yòng】

沿用

继续使用过去的制度、方法、法令等。

你知道吗？

　　"沿"是个形声字，意思是顺着河流漂向下游。"沿"字的引申义是因袭相传，沿用、沿袭都是指继续使用旧有的方法。现在人们还沿用古代的许多风俗习惯，比如我国的二十四节气和传统节日习俗等。

举个例子

　　这是我自己制定，沿用下来的例子。

　　　　　　　　　　鲁迅《两地书·致许广平》

节气的沿用

"春雨惊春清谷天，夏满芒夏暑相连。秋处露秋寒霜降，冬雪雪冬小大寒。"沿用至今的二十四节气歌，大家耳熟能详，读来朗朗上口。

二十四节气起源于黄河流域，是农民们在长期的劳动中总结经验而形成的。最早的节气只有四个，出现在春秋时期。到了周朝，发展为八个。后来又不断完善，增加了更多的节气，到秦汉年间确定了二十四节气。在公元前104年，汉武帝时期的官员邓平制定了《太初历》，正式将二十四节气写入历法中，至今已经沿用了2000多年，指导农民按照时令从事农事。

小链接

芒种是二十四节气中的一个。在这个节气前后，人们要忙着插秧，因为过了这一节气，再要种有芒的作物就不好成熟了。那么，什么是"芒"呢？就是种子壳上的细刺。小麦的种子上就有这种细刺。

再接再厉

原指公鸡相斗，每次交锋前都要把嘴磨锋利。后比喻一次又一次地继续努力。

你知道吗？

《说文解字》中说："厉，旱石也。"旱石也就是磨刀石，后来逐渐引申指磨物体使光滑、锋利。再来看"励"，《说文解字》中记载："勉力也。"也就是劝勉的意思。"厉"和"励"，两者意思完全不同，所以，以后不要把再接再厉的"厉"写成鼓励的"励"哦！

举个例子

贼却而复前，我勇再接再厉，贼遂披靡。

〔清〕刘坤一《禀两省部院》

"再接再厉"的由来

有一天，唐代大文学家韩愈路过一个小村庄，正巧遇见两只发生了冲突的公鸡。韩愈停下脚步，静静观察。只见两只公鸡扑腾扑腾地展开翅膀，竖起涨红的鸡冠，挺起胸膛，高昂着头颅，快速扑向对方，并用尖利的嘴去啄对方的头，不一会儿，便"斗"得难分上下。韩愈把这个相斗的过程称为"接"。一"接"之后，两只公鸡为了增强自己的战斗力，暂时分开后，迅速地把自己尖利的嘴在地上磨来磨去，使之更加锋利，韩愈称之为"砺"。"砺"后两只公鸡再一次迅速"斗"起来，后又暂停去磨嘴，如此反复，它们都试图打败对方。韩愈通过观察斗鸡的情形，创造出了一个新的词语"再接再砺"，后写做"再接再厉"。这就是"再接再厉"一词的由来。

占 上 风

占据风吹来的方向。比喻处于优势，占据有利地位。

你知道吗？

"风"是我们常见的自然现象。甲骨文中的"风"写做""，就像一只长着高冠子、长尾巴的凤凰。"风"字在演变过程中，变化很大，见下图：

| 商 | 《说文》小篆 | 楷书 | 楷书 |

举个例子

油脂必定水面浮，真理最终占上风。

——谚语

解缙智斗尚书

　　明朝的解缙（jìn）是个小神童，七岁就能作诗，尤其擅长对对子。

　　有个年纪很大的李尚书不相信解缙这么有才华，想为难解缙，就请了一些贵族来出上联，并叫解缙前来应对。解缙来到李府，仆人告诉他只能走小门，他坚持要走正门。李尚书就说："小子无才嫌地狭。"解缙马上说道："大鹏展翅恨天低。"李尚书听了，只好开大门迎接他。

　　进门后，有个人见解缙穿着一件绿袄，嘲笑他说："井里蛤蟆穿绿袄。"见那个人穿着红袍，解缙灵机一动，说道："锅中螃蟹着红袍。"过了一会儿，李尚书用手往天上一指，得意地说："天作棋盘星作子，谁人敢下？"解缙听了，用脚在地上一顿，说："地作琵琶路作弦，哪个能弹！"李尚书一直没占上风，这才相信了解缙的才能。

　　解缙从小就能言善辩、出口成章。后来，他继续努力学习，考取功名，最后官至内阁首辅，与徐渭、杨慎一起被称为"明朝三大才子"。

【 zuò zuo 】

做作

故意做出某种表情、动作、姿态而显得虚假、不自然。

你知道吗？

"做作"一词中有两个"zuò"，一个是作为的"作"，在这里是"装"的意思，和矫揉造作的"作"意思相同。另一个是做事的"做"，在这里是故意做出的意思。两个"zuò"，哪个在前，哪个在后，可要分清楚哟。

举个例子

扭捏着身子儿百般做作，来往向人前卖弄俊俏。

〔元〕王实甫《西厢记》

东 施 效 颦

　　春秋时代，越国有一位美女名叫西施。她的音容笑貌、举手投足，样样都惹人喜爱。西施患有心口疼的毛病，犯病的时候，她就手捂胸口，双眉紧皱，展现出一种柔弱的美。当她手捂着胸口，从乡间走过的时候，人们无不睁大眼睛注视着她。

　　有一个名叫东施的姑娘是西施的邻居，相貌很难看，动作又粗俗，但她一天到晚做着当美女的梦。她看到西施捂着胸口，皱着双眉的样子竟博得这么多人的青睐，回去以后，也学着西施的样子，手捂胸口，紧皱眉头，在村里走来走去。东施本来就长得丑，这样扭捏做作，就显得更加丑陋了。村里人看见东施的怪模样，马上关紧大门，或立刻拉着妻儿远远地躲开，简直就像见了瘟神一般。

　　东施只知道西施皱眉的样子很美，却不知道为什么美。她只会简单地模仿西施的样子，结果反被人讥笑，这就是成语"东施效颦"的来历。

[bì mǎ wēn]

弼马温

"弼马温"是"避马瘟"的谐音，指养马的小官。《西游记》中的孙悟空担任过这个官职。

你知道吗？

其实，历史上并无弼马温这个官职。据民间传说，猴子可以避免马瘟。《西游记》的作者吴承恩就采用了这个传说，改换了"弼"（避）、"温"（瘟）两个同音字而创造一个弼马温的官职。猴马同养能避瘟在《本草纲目》《齐民要术》等都有记载，可见小说家吴承恩的谐音运用颇具科学性。

举个例子

闯祸的泼猴子，无知的弼马温！该死的泼猴子，油烹的弼马温！猴儿了帐，马温断根！

〔明〕吴承恩《西游记》

官封弼马温

话说孙悟空学艺归来后越发骄纵，为了兵器闹了东海龙宫，为了延年益寿闯了冥府。冥王和龙王一状把他告到了玉帝那儿，玉帝派太白金星前去将孙悟空招到上界安置。

到了凌霄殿，玉帝垂帘问道："哪个是妖仙？"悟空这才躬身行礼应答："老孙便是。"在座的仙家们都大惊失色："这个野猴！不下跪参拜，还敢自称'老孙'，真是该死！"玉帝谅他初得人形，不懂礼数，姑且饶恕了他。众仙又让悟空谢恩，悟空只是作了个揖。玉帝又问众仙家，哪个官职有所空缺。武曲星回禀："就御马监缺个管事。"于是玉帝下旨，封孙悟空为弼马温。

孙悟空欢欢喜喜到御马监上任了，查看马匹，点明马数，殷勤滋养，辛苦且认真地做了半个来月。直到有一天，他从其他马监那里听说，"弼马温"是个没品阶、最低最小的官，恍然觉得自己被骗了。于是他怒不可遏，拿出金箍棒，一路打出御马监，冲出南天门，回到花果山去了。

【 bié lái wú yàng 】

别 来 无 恙

分别以来是否一直都很好，常用作别后通信或重逢时的问候语。

你知道吗？

"恙"是个形声字，形旁是"心"，声旁是"羊"。本义是担忧，但随着时间的推移，到了宋代以后，"恙"就逐渐变成"病"的意思了。《隋唐演义》有一处"当年秦大爷患恙，在我家庄上，住了年余，怎说不认得"，这里的"患恙"就是得病的意思。

举个例子

（李忠）扑翻身便拜道："哥哥别来无恙。可知二哥着了你手！"

〔明〕施耐庵《水浒传》

亲切的问候

"别来无恙"是一句问候语，它表示没有疾病或灾祸的意思，但为什么要叫做"无恙"呢？有个很古老的由来。

在远古时代，人们过着一种野居露宿的生活。当时有一种叫做"恙"的虫子，它们把卵孵化成幼虫后，就爬行到草地或农作物上，一旦有人坐下、躺倒或接触，恙的幼虫便会快速地、悄无声息地爬到人们的身上叮咬，紧接着进入血液，最后累及人的脏器甚至导致人的死亡。

这种虫子实在是太可恶了，就像是食人虫一样。更叫人抓狂的是恙虫病还是一种急性传染病，简直令人闻"虫"丧胆啊！古人见面的时候，生怕对方把病传染给自己，于是总要先互相问一句"别来无恙"——朋友，您身上到底有没有恙虫啊？如果有的话可得说实话，千万别传染给我啊！

后来随着医学的发展，人们终于把"恙"这种虫子赶跑了，心里就特别高兴。再见到亲友，或通信、问候的时候，常常习惯把"别来无恙"当作很亲切的问候语，并一直流传到今天。

【 bù shèng méi jǔ 】

不 胜 枚 举

无法一个一个全举出来，形容同一类的人或事物很多。

你知道吗？

"枚"是一个会意字，甲骨文写做"📷"，像一人手持工具正在砍树木，它的本义是树干。古人常常用树的枝条充当马鞭子，"枚"又有了马鞭子的意思。

后来，"枚"作量词，多用于形体小的东西，相当于我们常说的个、支、件等，如一枚别针、一枚邮票。

举个例子

至于花型，样式更是多到不胜枚举。

秦牧《艺海拾贝·菊花与金鱼》

林则徐虎门销烟

　　清朝实行"闭关锁国"的政策以后，整体国力和发展渐渐落后于西方国家。道光年间，英国向中国走私鸦片，这是一种毒品，又叫大烟，危害非常大。1838年，林则徐受命为钦差大臣，去广东禁烟。

　　颠地是英国鸦片走私大犯，林则徐调查取证后，传讯洋行，严正宣告了他的罪行，义正辞严地指出颠地常年在广州进行鸦片贸易，还经常打听政府情报，种种隐秘诡异的举动多到"不可枚举"，命令颠地交出所有鸦片，并声明以后不贩鸦片。

　　颠地和外国烟商象征性地交出 1037 箱鸦片，想应付林则徐。林则徐并不妥协，继续强制烟商缴烟，最后共缴鸦片 19 187 箱又 2119袋。1839 年 6 月 3 日至 25 日，林则徐在虎门销毁了所有鸦片。这就是著名的"虎门销烟"。

[dǎ dǔnr]

打盹儿

小睡；短时间入睡（多指坐着或靠着）。

你知道吗？

"盹"本义是闭目小睡。后来"打盹儿"由小睡引申为比喻对事情的注意力不集中或未顾及。例如："老虎也有打盹儿的时候。"意思是不论多么厉害的人或动物，都有失误的时候。

针对睡觉的不同时长、不同状态，也有着不同的说法，例如：打盹儿、眯瞪、小憩（qì）、假寐（mèi）。

雪雁道："早起喝了半碗粥，懒待吃饭，这时候打盹儿呢。"

〔清〕曹雪芹《红楼梦》

头悬梁，治打盹儿

东汉时期，有一个名叫孙敬的人，是当时著名的政治家。孙敬年少时，非常好学，而且嗜书如命，常常通宵达旦地看书学习。因此，邻居们都称他为"闭户先生"。

孙敬读书时，喜欢边读边记笔记，经常一直读到后半夜，时间长了，有时难免要打盹儿。可每次打完盹儿醒来，总又懊悔不已。

有一天，他正抬头苦思，目光停留在房梁上，顿时眼睛一亮，立即找来一根绳子，将绳子的一头拴在房梁上，另一头拴在自己的头发上。这样，每当他学习困了，想打盹儿时，只要头一低，绳子就会猛地拽一下他的头发，扯得头皮生疼，他就会从疼痛中惊醒，赶走睡意，继续学习。

经过年复一年的刻苦学习，孙敬饱读诗书，满腹经纶，成为一名博学多才的大学问家，在当时的江淮一带非常有名气，常有千里之外的学子，来向他求学解疑、讨论学问。

笃 定

有把握、一定，有时也形容从容不迫、不慌不忙的样子。

你知道吗？

"笃笃"连用，是个象声词，你知道它可以用来形容哪些声音吗？它可以是啄木鸟啄木头的声音，可以是和尚敲击木鱼的声音，可以是勺子碰撞碗盘的声音，可以是大皮靴走在森林里的声音，可以是老爷爷拄着拐杖前行的声音……

举个例子

她虽然有点要送客的意思，童进却还稳稳坐在那里没动。见她很笃定，他越发有点急了。

周而复《上海的早晨》

七 擒 七 纵

　　三国时期，南中一带有位少数民族首领叫孟获，他不但英勇善战，而且待人诚恳，极得人心。诸葛亮求贤若渴，但孟获不肯投降。于是，诸葛亮便想出了一个招降孟获的绝妙计策。

　　诸葛亮得知孟获虽然勇敢，但不善于用兵，便命蜀兵与孟获作战时，故意败下阵来。孟获不知有诈，穷追不舍，结果闯进埋伏圈，被诸葛亮所擒。正当他以为自己必死无疑的时候，诸葛亮却为他松绑，劝他归顺，但孟获傲慢地拒绝了。众人认为孟获敬酒不吃吃罚酒，理应处死，诸葛亮却下令放他回去。众人不解地问道："这不等于放虎归山吗？万一孟获把各部落首领召集起来攻打我们，怎么办呢？"诸葛亮轻摇羽扇，笃定地说："孟获忠肝义胆，不是忘恩负义之辈，而且我有信心会再次将他擒获！"

　　就这样，诸葛亮一连擒了孟获七次又放了七次，孟获最终心悦诚服，归顺蜀汉。

【 duān ní 】

作为名词时，意思是事情的眉目、头绪、边际，如不知端倪；作为动词时，是指推测事物的始末，如不可端倪。

38

你知道吗？

"端"本义是直、正。"席不端弗坐"，意思是席摆得不正就不坐。引申为正直，如品行不端，就是指人的品德不高尚，行为不正直。"端"还指东西的某一头，引申为开头、开始或尽头，如开端；又引申为头绪、方面，如端倪。

举个例子

反复终始，不知端倪。

《庄子·大宗师》

"草圣"张旭

一千多年前的一天，洛阳城的一个茶馆被围得水泄不通。围观者翘首观望，喝彩声、击节声响彻云霄。但见人群中心，一人似醉似醒，提笔蘸墨，如疾风般在宣纸上挥洒开来，时而轻盈飘逸，如云卷云舒；时而力拔千钧，如万马奔腾。真是变幻无常，缥缈无定。忽听得一阵惊呼，只见他将笔一掷，以发蘸墨，纵情挥洒……

此人名叫张旭，他喜欢饮酒，更喜欢在酒后挥毫泼墨，他甚至用自己的头发蘸墨书写。他酒醒后看见自己用头发写的字，惊叹道："太神奇啦，不可多得！"于是，他得到了一个极威风的称号"张颠"。但张旭对自己的书法成就，却谦虚地说："说到秘诀，无非在'用心'两字。"唐文宗曾下诏书称：李白的诗歌，张旭的草书，裴旻的剑舞为天下"三绝"。

用心加执著，使张旭终于成为一代书法大师，被尊称为"草圣"。

风流倜傥

英俊潇洒，不拘礼法。

你知道吗？

　　我们耳熟能详的成语风流人物，指的是那些英俊潇洒、杰出有才华，对一个时代有很大影响的人物。毛泽东的词《沁园春·雪》中"数风流人物，还看今朝"里的风流人物就是这个意思。

举个例子

　　那卢生生得伟貌长髯（rán），风流倜傥。

　　　　　　　　〔明〕凌濛初《初刻拍案惊奇》第五卷

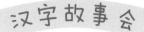

风流倜傥唐伯虎

说起唐伯虎，马上会使人想起一位翩翩浊世佳公子，风流倜傥，浪漫非凡。

唐伯虎从小很聪明，有过目成诵的本领。他熟读四书五经，学习的空余时间又拜师学画，绘画也非常出色。唐伯虎16岁时秀才考试得第一名，轰动了整个苏州城。29岁时，他参加应天府（南京）乡试，中解（jiè）元（第一名）。两次考试都第一名，让他名震江南，春风得意。

一次，唐伯虎到茅山进香，路过无锡。晚上船停泊在河边，他上岸闲逛，看见当地一户有钱人家出游。主人穿着华贵，随行的丫环侍女如云，个个打扮得花枝招展。其中有个丫环长得最好看。唐伯虎了解到那个丫环是华学士府中的女婢，就想办法留在了华府，改名为华安。因为他很有才华，很快得到华府的信任和宠爱。后来他故意以回乡娶亲为由想走，华学士为留下他，就招来家中所有漂亮的婢女，让他挑选，最终他娶走了那位最漂亮的丫环秋香。这就是"唐伯虎点秋香"的故事。

【 gēng xù 】

赓续

继续。

你知道吗?

"赓"是一个形声字,形旁是"贝",声旁是"庚"。本义为连续,继续。唐代李白《明堂赋》中"千里鼓舞,百寮赓歌"的"赓",就用了本义。诗句描绘了一幅国富民强,人们载歌载舞的欢庆场景。"续"的本义是连接起来,接上。这样看来,赓续一词是由两个意思相近的字组成的,你还能列举出类似结构的词语吗?

举个例子

他一点味道也觉不出来,他只知道为了让生命赓续下去,必须把这些东西送到肚子里去。

靳以《生存》

汉字故事会

伟大的丝绸之路

汉武帝时期，张骞受汉武帝之命，率人前往西域。他们从长安起程，经陇西向西行进。一路上日晒雨淋，风吹雪打，困难重重。但张骞信心坚定，冒险西行。当他们来到河西走廊一带时，被占据此地的匈奴发现，张骞和随从一百多人全部被俘。

张骞虽被软禁放牧，度日如年，但他一直在等待时机，准备逃跑，以完成自己的使命。整整过了十一个春秋，张骞才寻得逃跑的机会，离开匈奴地盘，赓续西进。

奔波数日，张骞终于来到了大宛国。高鼻子、蓝眼睛的大宛王，早就听说汉朝是一个富饶大国，在国都热情接见了张骞。他请张骞参观了大宛国的汗血马。在大宛王的帮助下，张骞先后到了康居、大月氏、大夏等地。张骞将中原文明传播至西域，又从西域诸国引进了汗血马、葡萄、石榴等物种到中原，促进了东西方经济文化的交流，开辟了伟大的丝绸之路。

勾芡

在做菜做汤时，加上芡粉或其他淀粉使汤汁变得浓稠。

你知道吗？

"芡"是一种草本植物，也叫鸡头。这种植物的果实叫芡实，也叫鸡头米。最早的时候，人们将芡实磨成粉，加水调成浓汁，用于烹饪，叫勾芡。但是这种原材料产量少、价格高，不能满足需求，以后人们逐渐用其他淀粉取代，却仍保留了这个名称。勾芡是中国独有的一种烹饪技艺。

举个例子

烧沸后加精盐、酱油、味精，用水生粉勾芡，再加入猪油，装碗，淋入麻油，撒上葱末即成。

张德生《豆腐菜四百种·虾米豆腐羹》

茂 林 糊

　　茂林糊是泾县茂林菜系中的一道菜肴。它和红烧蹄髈、粉蒸肉一起成为茂林饮食三绝。茂林糊的背后还有一个故事呢。

　　相传明朝洪武年间，泾县茂林东溪河边，居住着吴氏一支，到了吴满生一代育有四儿四女，子孙满堂。吴满生做了多年的征粮官，却遭人陷害下狱，后遇神人相救。脱险后，他赶到茂林外婆家打探家中情况。外婆见他又累又饿，说："满生儿，我知道你饿得苦，可我这只剩一碗糊糊汤了，你赶快喝了吧。"喝下一会儿，吴满生体力恢复如常，感到很好奇，就问这糊糊汤是怎么做的。外婆说："这碗糊糊汤叫'糊粉'，打入鸡蛋搅拌后，又加了葛根粉勾芡，更能充饥。"吴满生连声赞道："好好好，够爽、够嫩、够滑！"

　　后来，为了表达对搭救他的神人的感激之情，吴满生不但将他刻成像，尊为"五福神"，令子孙世代祭拜，而且希望恩人也能品尝到糊糊汤这种人间美味。于是每年九月初九，吴满生号令吴氏家家摆果盘，户户做糊粉祭祀"五福神"。这成为了茂林"古三会"庙会活动的前身。人们也把茂林的这一糊粉称为茂林糊。

【 guā ráng 】

瓜类的肉。

你知道吗？

瓜是蔓生植物，叶子像手掌，花多是黄色，果实可以吃。"瓜"是象形字，篆文写做"瓜"，像不像藤蔓上挂着的小果实？

瓜瓤可以吃，也可以用。比如西瓜瓤就是我们常吃的西瓜；丝瓜瓤洗净晒干，可以洗碗刷锅，不粘油，清洁干净。

举个例子

瓜瓤甘、淡、寒、无毒。

〔明〕李时珍《本草纲目·果五·西瓜》

康熙帝请鉴三郝瓜

清朝初年，京城前门外有一家古玩店叫益善堂，掌柜姓赵，是山西太原府榆次县西郝村人。

一天，一个自称秦子谦的人，带着仆人来到店里。秦子谦相貌不凡，言谈不俗。赵掌柜就带他们到内室长谈。一谈，竟相见恨晚。

有一次，秦子谦带了几个西瓜来到益善堂，请赵掌柜鉴别。赵掌柜轻轻一拍西瓜，说："此瓜名叫三郝瓜，是我家乡特产，它与众不同之处在于，瓜体端正，瓜色碧绿生光，皮厚实容易存放。三郝村依河畔，多沙田，昼夜之间便有夏秋之别，因此种瓜得天独厚。这瓜用刀切开，瓤儿膨胀隆起，再不可合，汁甘味佳，从中心到挨皮处一样甜美。"

赵掌柜说罢，取刀切开西瓜。秦子谦主仆看后，果然像他说的一样，心中暗暗佩服这位古董商。临告别前，秦子谦取出一串朝珠送给赵掌柜。赵掌柜仔细端详这串朝珠，忽然发现一颗珠子上刻有四个小小的铁线篆字"康熙御制"。赵掌柜恍然大悟，原来秦子谦就是康熙！

【 guā shā 】

民间流传的简易治疗方法，用铜钱等物蘸水或油刮患者的胸、背等处，使皮肤局部充血，减轻内部炎症。

你知道吗？

"痧"是个形声字，形旁是"疒"，表示与病痛有关；声旁是"沙"。痧症是中医学病名，夏秋之季，天气炎热，人容易出现头晕、胸闷、恶心、吐泻等中暑症状。针对这种痧症，可以进行刮痧治疗，即用光边的瓷器、牛角板等物件，蘸着香油或热开水，刮颈项、胸背等地方，直到皮肤呈红赤色。

举个例子

若痧入气分而毒壅，宜刮痧。

〔清〕沈金鳌《杂病源流犀烛·痧胀》

白居易的消暑养生法

白居易是唐代伟大的现实主义诗人，被称"诗魔""诗王"，他的诗妇孺能诵，很受老百姓的喜爱。

白居易16岁到京城，经历仕途坎坷，40岁就疾病缠身。为了能使自己重新恢复健康，他开始与医生、药书打交道，成为了一名养生家。他在《消暑》这首诗中写道："何以消烦暑，端居一院中。眼前无长物，窗下有清风。散热由心静，凉生为室空。此时身自得，难更与人同。"这首诗写出了他对付暑热的办法——静心消暑，平衡心态。

白居易还向身边的朋友推荐，如果在大热天中暑了，可以运用针刺、刮痧等方法进行治疗，能达到"病去如抽丝"的效果。

白居易活到了74岁。"人生七十古来稀"，在古代这算高寿，这与他良好的情绪调节能力分不开，也与他懂得中医针灸、刮痧等养生方法不无关系。

【 guǒ xié 】

（风、流水等）把别的东西卷入，使随着移动；也指（形势、潮流等）把人卷进去，迫使其采取某种态度。

你知道吗？

"裹"是个形声字，形旁是"衣"，这个"衣"字分为上、下两个部分，你发现了吗？声旁是"果"。本义是包、缠。裹脚的"裹"就是用了本义。

举个例子

当年轻的贝尔加入风靡一时的有线电报研究时，他并没有被潮流所裹挟，独自开始了电话的研究。

陈硕《墙推倒了就是路》

挟天子以令诸侯

　　东汉末年，董卓叛乱，挟持汉献帝，被吕布杀死。董卓的部下李傕（jué）、郭汜（sì）继续挟持汉献帝。汉献帝在杨奉等将军的保护下得以逃脱，认为曹操是位忠士，就向他请求救援。曹操的谋士荀彧（yù）向曹操建言献策，认为此时是"挟天子以令诸侯"的最佳时机。曹操听取他的建议，立即起兵，亲自率大军前往救援。

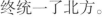

　　饥寒交迫的天子汉献帝见到曹操后感激涕零，对曹操大加封赏。曹操以都城被贼人烧毁不便防守为由，劝汉献帝移驾许县，汉献帝也因为曹操手中掌握兵权的缘故而不得不服从。实际上，许县才是曹操真正的营地，曹操将汉献帝转移到这里，只不过是为了更好地控制他。

　　从此以后，曹操每次征战，或对诸侯赏罚，都打着汉献帝的名号。后来，曹操凭借这个政治优势，最终统一了北方。

【 huàn shā 】

浣纱

洗衣服。

你知道吗?

"浣"的本义是洗衣服,王维的诗句"竹喧归浣女,莲动下渔舟",这里的"浣"字就用了本义。洗完衣服的姑娘们说着笑着准备回家,欢声笑语荡漾在竹林间,渔船顺流而下,水中的莲叶在微波中摇曳着,多么和谐恬静的田园生活啊!

举个例子

浣纱石上水禽栖,江南路长春日短。

〔唐〕张籍《寄远曲》

西 施 浣 纱

　　春秋战国时期，越国苎萝山下有一个名叫西施的浣纱女子，她长得很漂亮，是当地家喻户晓的美人。

　　有一次，西施在小溪边浣纱，清澈的溪水映照着她俊俏美丽的身影。溪中的鱼儿看见她的倒影，被这美丽的姑娘吸引住了，竟然忘记了继续游动，渐渐地沉入溪底。后来，夸奖某个女子非常美丽，就会说她有"沉鱼之色"。

　　可惜，西施这种美好的生活被战乱打破了。越国被吴国打败，越王勾践被吴王夫差抓去当了奴隶。三年后，勾践被放回越国，他天天卧薪尝胆，和大臣们商量复国大计。在国难之际，西施以身许国，被越王勾践当作求和的礼物献给了吴王夫差。在吴国的十年时间里，西施为越国送了不少情报，为勾践的东山再起起了掩护作用。最后，吴国被越国打败了。

　　西施是中国古代四大美女之首，这四位倾国倾城的美女，人们说他们有"沉鱼落雁之容，闭月羞花之貌"，除了"沉鱼"的西施之外，其余三人分别是"落雁"——王昭君、"闭月"——貂蝉、"羞花"——杨玉环。她们的故事也非常精彩，有兴趣的小读者可以找来读一读哦！

胶 着

牢牢地黏在一起，比喻相持不下，不能解决。

你知道吗？

古代的"胶"是用动物的皮煮制而成的，所以它的形旁是"肉"。那么，为什么"肉"字会和"月"字联系在一起呢？是因为在篆书里，"月（𝄢）"和"肉（𝄡）"的字形非常相像。后来，当"肉"作偏旁时，就逐渐写成了"月"。

举个例子

敌人西侵的部队在长江的南北两岸都呈着胶着状态了。

郭沫若《羽书集·致华南友人们》

胶着之际不焦灼

公元 507 年正月，南梁和北魏大战，北魏中山王元英与平东将军杨大眼率兵数十万攻打南梁的钟离城。

战斗非常惨烈，北魏军队疯狂进攻，前赴后继。每天交战数十次，士兵和骑兵轮番上阵，士气高涨。南梁寡不敌众，死伤惨重。

当年二月，北魏宣武帝以久战疲劳为由，下令主帅元英带兵返回，但元英坚持攻打。而此时，南梁也派豫州刺史韦睿率兵援助钟离。双方势均力敌，展开激战，战事一时胶着。

这年三月，淮河进入汛期，水位暴涨，韦睿冷静分析战斗形势，决定派军队走水路，并在载人的小船上装满了草垛，烧毁了北魏的桥栅。魏军大败。这次战役，南梁活捉北魏士兵五万人，缴获粮食、器械、牲口不可计数。

胶着之际不焦灼，南梁韦睿冷静对待形势，理性分析，取得了战斗的胜利。这场精彩的战役，堪称军事史上的经典。

[jié jū]

拮据

缺少钱，境况窘迫。

你知道吗？

拮据一词中，两个音节的声母相同，所以属于联绵词中的双声词。本义是指辛苦劳作而导致手指僵硬，不能屈伸，后引申为经济困窘，艰难困顿。拮据的同义词有：窘迫、贫穷、贫困；反义词有：宽裕、富裕、富足。

举个例子

听说她的经济很拮据，债务也不能清理。

冰心《两个家庭》

涸 辙 之 鲋

相传战国时期，著名学者庄子生活非常拮据，到了揭不开锅的程度，不得已向监河侯借粮。监河侯既小气又爱面子，他假惺惺地对庄子说："不要说借给你粮食了，就是借给你300两黄金都可以！只不过，要等到秋后我收到租税了才行。"

庄子听了脸都气得变了色，愤然地对监河侯说："我昨天赶路到您这里时，半路忽然听到呼救声，原来是在干涸的车辙里躺着一条鲋鱼（鲫鱼）。它见到我，像遇见救星般向我求救，说自己从东海被冲到这里，眼看快要干死了。鲋鱼请求路人给点水，救救性命。"监河侯听了庄子的叙述，问他是否给了水救助鲋鱼。

庄子白了监河侯一眼，冷冷地说："我和鲋鱼说，可以啊，等我到南方，劝说吴王和越王，请他们把西江的水引到你这儿来，再把你接回东海老家去罢！"

监河侯听傻了眼，觉得庄子所为十分荒唐："那怎么行呢？"

"是呀！"庄子接着说，"鲋鱼听了我的主意，气愤地说，我只求你一点点水就能解困，你却说什么引水之类的空话，等你引来江水，我早都渴死了，还不如把我送到鱼市上，让我变成干鱼吧！"

后来人们就用"涸辙之鲋"来表示身陷困境，急待救援的人。

【 juàn jiè 】

狷介

性情孤傲正直，洁身自好，不肯同流合污。

你知道吗？

　　"狷"是个形声字，本义是性情正直，洁身自好。黄庭坚的诗句"少小尚狷介，与人常不款"中的"狷"，就用了本义。这句诗的意思是自己从小就是一个正直豪爽的人，不会迎合小人权势。

　　"介"是个象形字，甲骨文写做""，像人身上穿着铠甲。本义为铠甲，后引申为耿直。

举个例子

他是个极狷介的人，无故不肯吃人一杯水。

〔清〕李渔《怜香伴·毡集》

三 不 将 军

你知道第一个登上美国《时代》周刊封面的中国人是谁吗？他就是直系军阀首领吴佩孚将军。吴佩孚字子玉，号称"三不将军"：不住租界，不积私财，不举外债。

有个军校同学找到吴佩孚，想在河南谋个知县，结果吴佩孚批了"豫民何辜"四个字；这人又想谋个旅长做，于是表决心"愿为前锋，功成身退，解甲归田，植树造林，造泽百姓"，吴佩孚又批了"且先种树"四字。最有意思的是有个洋小姐爱上了吴大帅，写信表达心意。他呢？拿着情书当公函，一样批了四个字：老妻尚在！

1935 年，日军策动华北独立，想让吴佩孚组织"维持会"。吴佩孚二话不说，直接在自家院内摆上一口棺材，以示对抗。当时汪精卫也想拉拢吴佩孚，没想到吴佩孚"啪"的一声拍着桌子说："谁和汪精卫合作，这人必然下贱。"海外著名史学家唐德刚先生评说吴将军的确是狷介一生。

[kàng lì]

伉俪

夫妻。

你知道吗？

"伉"和"俪"都是形声字，形旁都是"亻"。"伉"的本义是匹敌，相当；"俪"的本义是配偶。伉俪就是指相互匹配，彼此相当的配偶。夫妻之间感情深厚，就叫伉俪情深。

举个例子

女往依附，经种种曲折，结果与钢琴家结为伉俪。

郭沫若《苏联纪行·八月十一日》

伉俪情深

西晋时有个人叫孙楚，才华横溢，年轻时文采就已闻名乡里了。但他的性子孤傲不群，不阿附权贵，所以在当时不受重用。孙楚是一个很重情义的人，和妻子的感情非常好。他的妻子胡母氏去世后，孙楚作了《胡母夫人哀辞》来思念她。辞中他赞美自己的妻子"华茂春芳，志厉秋霜"，称自己本希望与妻子相伴一生，白头偕老，却不料妻子忽然长逝，悲痛万分。王济是晋文帝司马昭之婿，文辞俊茂，名于当世，很看重孙楚的才情，又欣赏他的率真深情，两人是很要好的朋友。孙楚的妻子去世一年后，孙楚又写了《除妇服诗》拿给王济看。王济看了以后感叹道："未知文生于情，情生于文，览之凄然，增伉俪之重。"文字里满溢的是孙楚对妻子的深情，让人看后凄凉悲伤，更觉孙楚和妻子的感情之深，两人可谓伉俪情深。

汉字大玩家

古时称对方夫妻为伉俪，那你知道下面这些称呼的尊称吗？

称对方的父亲——

称自己的母亲——

称父母——

称平辈或朋友——

嗑瓜子

用门牙咬开瓜子皮以食用瓜子。

你知道吗？

"嗑"是个形声字，《说文解字》中这样说："嗑，多言也。"意思是话多。"嗑"还有上下门牙对咬有壳的或硬的东西的意思，如嗑瓜子。

"嗑"由本义话多引申为说话、闲言，现在一些方言中所说的唠嗑就是这个意思，唠嗑的"嗑"应读为 kē。

举个例子

回到家中，虎妞正在屋里嗑瓜子儿解闷呢。

老舍《骆驼祥子》

趣话嗑瓜子

中国人喜欢嗑瓜子，茶几上、餐桌前，看电视、闲聊时，常常能看到瓜子的影子。"正月嗑瓜子，二月放鹞（yào）子……"老百姓喜欢嗑瓜子的程度从这首童谣中可见一斑。

不仅普通百姓喜欢嗑瓜子，伟大领袖也不例外。当代作家权延赤的纪实文学《餐桌旁的领袖们》提到："天天夜里开会，毛泽东（嗑的瓜子皮）建一座'宝塔山'，刘少奇堆成'蒙古包'……"没想到这一颗颗小小的瓜子还见证了一次次艰苦卓绝的战斗呢！

嗑瓜子是从什么时候流行起来的呢？曹雪芹在《红楼梦》中有四次写到嗑瓜子，有贾府的小姐，也有丫鬟，第八回写到林黛玉嗑瓜子，还引发了读者对"黛玉嗑的是什么瓜子"的讨论。据考证，在北宋初年就有关于西瓜子的记载，南瓜子和葵花子引进中国的时间较晚，嗑瓜子是从清末、民国初期开始流行起来的。

民国时期嗑瓜子到底有多流行呢？丰子恺在《吃瓜子》一文中用风趣的语言描写了中国人嗑瓜子人数之众多、技术之娴熟，称中国人"人人是吃瓜子博士"。

【pú yù】

璞玉

本义是指没有经过琢磨的玉石，比喻尚未为人所知的贤才。

你知道吗？

"璞"字甲骨文写做""，是会意字，就像山上长满宝石，山下两只手举起刀铲，将挖到的宝石放进篮筐里。本义是蕴藏有玉的石头，也指未雕琢的玉。"璞"的左边并不是"王"，而是"玉"，只不过"玉"字的一点被"提"遮盖，是斜着的"玉"，我们也叫它斜玉旁。

举个例子

还是一块毫未经过雕琢的璞玉，比起那些光滑的烧料玻璃珠子，不知高到什么地方去了。

丁玲《一个真实人的一生——记胡也频》

和氏璧的由来

　　从古到今，最神秘的玉石莫过于和氏璧了。据《韩非子》记载，在春秋时期，有一个叫卞和的楚国人，从一座山里挖出了一块璞玉。这是一块外表看起来很普通，但里面包裹着玉石的大石头。卞和忠心耿耿，就把它进献给了当时的楚厉王。楚厉王很高兴，但朝廷的玉石鉴定专家一看，说这根本不是玉石。卞和被愤怒的楚厉王剁下了左脚。等楚武王即位后，卞和又把这块璞玉献了出去，结果却被剁下了右脚。

　　时间过去了很久很久，直到楚文王即位后，有一次他巡游路过一座大山，看到一个没有脚的人抱着一块大石头痛哭，眼睛里都流出了血。楚文王得知他就是卞和，即使遭受了这么大残害，他仍然坚信手上的就是一块玉石。楚文王非常感动，当时就让玉匠剖开大石头。果然，一块巨大的玉石出现了！楚文王为了奖励卞和的忠心，就把这块大玉石命名为"和氏璧"。

【 qiǎng bǎo 】

襁 褓

包裹婴儿的被子和带子，后来也借指未满周岁的婴儿。

你知道吗？

　　"襁褓"两个字都是衣字旁，"衣"这个字是象形字，甲骨文写做""，小篆写做""，就像一件上衣的形状。后来在使用过程中，字形慢慢发生变化，某些笔画被拉直或连接，失去了象形的感觉，演变成现在我们经常使用的"衣"字。古时候人们称上衣为"衣"，下衣为"裳"（cháng）。

举 个 例 子

　　婴孩无知，虽使陨于母胎，夭于襁褓，嗳气欲绝，岂识患苦！

〔清〕康有为《大同书》

赵 氏 孤 儿

春秋时期，晋国大夫屠岸贾（gǔ）与卿大夫赵盾不和。赵盾死后，屠岸贾专权，他残杀了赵朔、赵同、赵括等人，企图将赵氏灭族。唯一漏网的是赵朔的妻子，她肚子里怀着孩子，躲藏在宫中。赵朔的朋友程婴对门客公孙杵（chǔ）臼（jiù）说："赵朔的妻子有身孕，如果生下来是男孩，我就奉他为主，帮助他复兴赵氏。"

过了不久，赵朔的妻子生下一个男孩。屠岸贾知道后，便带人到宫中去搜查。大人把这个孩子藏到衣服里，祷告说："赵氏宗族要是灭绝，你就大哭；如果不会灭绝，你就不要出声。"搜查到这里的时候，婴儿竟然没有声音。脱险以后，程婴和公孙杵臼为躲避再次搜查，决定采用调包计。程婴从外面找来一个婴儿，用华丽的褓褓包起来，把真正的赵氏孤儿偷偷藏到僻静荒芜的盂山抚养。

十五年后，赵氏孤儿长大成人，在程婴、韩厥（jué）的帮助下，灭掉了权臣屠岸贾。

汉字大玩家

年龄对对碰（请连线）

褓褓	女孩十二岁
孩提	女子十三四岁
金钗之年	一岁以下
豆蔻年华	男子二十岁
弱冠	两至三岁

炝锅

把姜末、葱花末、辣椒末等放入烧热的底油锅中煸炒出香味，再加主菜炒或煮。

你知道吗？

单独一个"炝"字就是一种烹饪方法——把菜肴放在沸水中稍微煮一煮，取出后再加酱油、醋等佐料搅拌，比如炝豆芽儿、炝芹菜。

你还知道哪些中国菜的烹饪方法呢？炒、炸、烩、焖、烧，还有煎、熬、溜、烹、涮，这些烹调法大都和"火"与"水"有关。

举个例子

彼时螺蛳姑娘，方在炝锅炒菜，闻此歌声，怫然不悦，抢步入房，夺过螺壳，纵身跳入。倏忽之间，已无踪影。

汪曾祺《螺蛳姑娘》

施诏吃蟹

　　清朝时，有个叫施诏的人，他通过科举考试中了举人，被派到湖北的松滋县当官，后来又调到了湖北公安县。而公安县一直以来都有瘟虫，那些瘟虫专吃禾苗嫩叶，破坏庄稼，人们都十分害怕。

　　施诏刚到那里上任，就有个当地人来报告灾情，说："又出现新的瘟虫啦！大得像簸箕一样！它们有八只脚，横着走路，身上有棱有角。它们不仅吃禾苗，还会攻击人，危害十分大啊！"施诏让他去抓一只来看看。等那人把"瘟虫"拿到施诏面前时，施诏笑道："不怕不怕，这是螃蟹，可以吃的！"大家都不明白他的话是什么意思。于是，施诏让人拿来厨具，当着众人的面，先用葱花炝锅，然后放入螃蟹加水煮，煮熟之后，又当众吃了下去。大家这才明白这些"瘟虫"确实可以吃。

　　于是，大家纷纷抓了螃蟹，学着施诏的方法，煮了吃。就这样，"瘟虫"灾害很快被扫除了。

【 qīng lài 】

青睐

用正眼相看，指喜爱或重视。

你知道吗？

"青"是个形声字，本义是草木生长期的绿色，引申为与绿色相关的蓝色。"青"又可指黑色，青丝一词指黑发，"青"就是黑色的意思。在青睐这个词中，"青"指黑眼珠。

举个例子

文学是人学，少不了作者主观情感的表达，因而，夸张的艺术手法深得作者的青睐。

张明《文学作品中的夸张》

阮籍做青白眼

阮籍，三国时期文学家，"竹林七贤"之一。他旷达不羁，不拘礼俗，是个离经叛道的人物。阮籍不喜欢庸俗的人，见了就用白眼看待。相反，见了高雅之人，便用青眼相待。

阮籍的母亲去世了，嵇康的哥哥嵇喜去家里吊丧。因为嵇喜热衷追求功名利禄，是庸俗之人，阮籍见了不但不跟他打招呼，反而白眼相加。嵇喜见阮籍这样蔑视自己，非常不高兴，回家告诉弟弟嵇康，说阮籍傲慢无礼。嵇康听了，安慰哥哥，说这是阮籍一贯的做法，不要放在心上。然后嵇康带上一坛酒和一把琴，前往阮籍家。阮籍见是嵇康，脸色缓和了很多，并以青眼相对。嵇康也并不劝慰阮籍节哀顺变之类的，只是弹琴给他听。

后来，人们常用"青睐""青眼"来表示对人的尊重、喜爱和赏识，用"白眼"来表示对人的蔑视和憎恶。

"睐"即看，表示看的字有很多：睬、瞅、瞧、瞥、瞭……你还知道哪些？写写看。

【 qǐng yīng 】

请缨

　　字面意思是请求给予一根长绳，实际是指请求杀敌或者请求给予任务。

　　"缨"的本义是系帽的帽带。"缨"字的右边是"婴"字，"婴"在战国时期的字形是"𦜔"，渐渐演变成小篆字形"𦜔"，下半部分就像一个女子，上半部分表示玉贝，所以"婴"这个字最初是用来表示女子颈部的装饰，引申出系在颈上的意思。后来人们渐渐不用"婴"来表示颈部饰物了，而是在"婴"的旁边加上"丝"，就有了"缨"这个字。

举个例子

　　先帝恩深能养士，请缨谁为系楼兰。

〔明〕何景明《武昌闻边报》

终 军 请 缨

西汉武帝时期，济南有一位名叫终军的年轻人，才学出众，十八岁就已入选为博士弟子（汉代太学生）。他的才能得到了汉武帝的赏识，被任命为谒（yè）者给（jǐ）事中。

当时，恰逢朝廷将委派使者出使匈奴。终军主动表示愿意穿上坚甲拿起利器，在战场上冲锋陷阵，并将自己计划如何对匈奴单于动之以情，晓之以理，劝其归顺的想法向武帝禀明。武帝对他的设想大加赞赏，提升他为谏议大夫。

过了不久，南越地区（今广东、广西及越南北部等地）动乱，南越王提出与汉朝和亲。武帝想派使节出访劝说使其归顺。终军再次挺身而出，说："请求陛下给臣一条长绳，臣一定会把南越王绑来拜见您。"武帝应允了他的请求。终军历经千辛万苦来到南越，凭借自己的三寸不烂之舌说服了南越王。

"终军请缨"这一典故后用来表示自请从军报国，今多用来比喻主动请求担当重任。

颧 骨

两腮上面突出的那两块骨头。它位于脸的中部，眼睛的外下方，呈菱形。

你知道吗？

"颧"是"页"字旁。那么，你知道还有哪些字是"页"字旁吗？对了，还有颊、颅、额、项等，它们简直就是个"页"的大家族呢。

为什么很多和头部有关的字，都是"页"字旁呢？原来，"页"的本义就是"头"。你们看，甲骨文的"页"写做 ，像不像一个人？

举个例子

我吃了一吓，赶忙抬起头，却见一个凸颧骨，薄嘴唇，五十岁上下的女人站在我面前，两手搭在髀（bì）间，没有系裙，张着两脚，正像一个画图仪器里细脚伶仃的圆规。

鲁迅《故乡》

苏小妹智斗苏东坡

宋代大词人苏东坡经常与自己的小妹开玩笑。一天，苏东坡看到苏小妹深陷的眼窝、凸出的额头和高高的颧骨，立刻写了一首诗送给她："未出香阁三五步，额头先到画堂前。几回拭泪深难到，留得汪汪两道泉。"

聪明的苏小妹一听就明白哥哥这是在讽刺她：人还没有到堂前，额头就已经到了。由于颧骨和额头都很高，导致每次都擦不到眼泪，时间一长，眼泪在眼窝里汇聚成了两道清泉。

苏小妹不羞不恼，看了看哥哥的面貌，也写了一首诗送给他："天平地阔路三千，遥望双眉云汉间。去年一滴相思泪，至今未到耳腮边。"

这首诗是在嘲笑苏东坡的脸很长，远远看去两条眉毛就好像在云间一样。去年流下的一滴眼泪，直到现在还没到达腮边。苏东坡听了，非但没有生气，反而哈哈大笑，直夸苏小妹写得好。

赊欠

买卖货物时，买家没有及时付钱，卖家没有及时收钱。

你知道吗？

"赊"是个形声字，形旁是"贝"，声旁是"佘"。"赊"字的小篆写做"赊"，左边是"貝"，也就是现在的"贝"，贝壳在古代作为货币使用，所以和钱财有关。"贝"字旁的汉字还有赔、账、财等。

举个例子

因此我们大家赔上，立了合同，再不许替亲友赊欠。

〔清〕曹雪芹《红楼梦》

光武帝赊旗

西汉末年，王莽篡权，皇族刘秀为了躲避追杀，到处流浪。一天，刘秀逃到了一个叫兴隆店的小镇，此时，他又累又渴，走进了一家酒馆。刘秀一边喝酒一边想：如今民不聊生，我要是起事，肯定能招来不少人马，可是现在连面旗帜也没有，又有谁会听我的指挥呢？就在他满腹愁苦时，一抬头，看见了酒店外迎风飘扬的酒旗，旗上写着一个大大的"刘"字。刘秀灵机一动，这不正好可以当成起事的旗号吗？可此时的刘秀，别说酒旗了，连酒钱都快付不出来了。幸好店老板通情达理，了解情况后，不仅免了他的酒钱，还将酒旗赊给了他。就这样，刘秀扛着旗帜出发了，起兵南阳，大战昆阳，定都洛阳，建立了东汉王朝。

刘秀当上皇帝后并没有忘记当年赊旗给他的酒馆，因此特将酒馆所在的兴隆店改为赊旗店，并下旨改建赊旗店，修建城墙，模仿皇城的样子修建城门。从此，赊旗店名震四方。

[tán hé]

弹 劾

君主时代担任监察职务的官员检举官吏的罪状。或指某些国家的议会抨击政府工作人员，揭发其罪状。

你知道吗？

"劾"的形旁是"力"，有强力的意思。《说文解字》里说："劾，法有罪也。"弹劾一个人，要提供真实有力的证据，要加大力度来核查它的真实性，并依照法律运用强制力量进行定罪。因此，"劾"有检举、揭发罪状、定罪的意思。

举 个 例 子

（阮孚）尝以金貂换酒，复为所司弹劾。

〔唐〕房玄龄等《晋书·阮孚传》

杨继盛冒死弹劾严嵩

杨继盛是明朝的一位兵部员外郎（主管兵部）。他为人正直，刚正不阿，时刻以国家利益为重，与当时黑暗的官场格格不入。他冒死写下奏折《弹严嵩疏》交给皇上，详细地揭发严嵩的十大罪状，请求皇上按照明朝律法处置严嵩。

可是，皇上宠信严嵩，看到这份奏折生气极了。再加上严嵩暗中诬陷，皇上更是怒不可遏，把杨继盛关入牢狱，打一百廷杖。杨继盛因此多次昏死过去，半夜醒来，皮开肉绽的他只能用碎碗片刮掉身上腐烂的肉来疗伤。帮他拿灯照明的狱卒，看到这一幕，顿时心惊胆战，浑身发抖。杨继盛却好像没什么事一样。亲友们看他病重，托狱卒送他一枚蛇胆当伤药，他却毅然拒绝，说："我自己有胆，用不着这个！"

在杨继盛被囚的三年中，严嵩始终把他当作心腹之患，最后把他的名字偷加在上报给皇上的死刑犯名单中。就这样，杨继盛被处死。这引起了很多人的愤怒，后来经过徐阶等人的努力，严嵩终于被罢免了官职。

【 tiáo kǎn 】

调 侃

用语言戏弄、嘲笑。

你知道吗？

　　"侃"是会意字。它由两个部分组成，一个部分是"伣"，这个字在古代是"信"字的其中一种写法。另一个部分是"川"，是"川"字。"信"和"川"两个字合起来，意思是像河流一样持之以恒的诚信。所以"侃"字最本来的意思是刚直，后来引申出和悦的样子这层涵义，又从和悦引申出戏弄、闲谈的意思。

举个例子

安乐窝随缘度昏旦，伴几简知交撒顽，寻一会渔樵调侃。

〔明〕汤式《一枝花·送车文卿归隐》

纪晓岚智解调侃

纪昀，字晓岚，是清代的文坛泰斗，其人才华横溢，诙谐幽默，素有"风流才子"和"幽默大师"之称。纪晓岚体型肥胖，夏季常常热得衣衫尽湿，喜欢到直庐（侍臣休息处）脱光衣服纳凉。乾隆皇帝听说了这种情况，打算戏弄他一番。

一天，纪晓岚和几位同僚都光着膀子在书房谈笑。忽然，乾隆皇帝走了进来，全场噤声。只有高度近视的纪晓岚直到皇帝走近才发觉，情急之下躲到了皇帝的座位下，屏息凝神，一动也不敢动。

两小时过去了，纪晓岚躲在座位下热得受不了，便探出头问同僚："老头子走了吗？"乾隆皇帝一听，假装生气地说："你个纪晓岚真是无法无天了，居然说出这样犯上的话来，连朕也调侃，看你怎么解释！"纪晓岚不慌不忙地爬出来，把官服穿好后，摘下顶帽，下跪磕头，从容地说："陛下是万岁，应该称'老'；尊为君王，举国之首，万民仰戴，当然是'头'；天父与地母是皇上的父母，就是天之骄'子'啊！"乾隆帝听后龙心大悦，还有什么可责备的呢？

小 觑

本义是指窥视，偷偷地看。现在指对人或事物的小看，轻视。

你知道吗？

"小"是会意字。甲骨文中"小"的写法是三个点，在古人看来，肉眼可看到的最小的物体是沙粒，所以用三个散落的沙粒来表示"小"。其实古时候三个点和四个点都代表"小"，后来逐渐演变为三点为"小"，四点为"少"，之后又把第四点拉长做撇，以区别于"小"。

举个例子

他们送上晚课来，脸上都显出小觑他的神色。

鲁迅《呐喊·白光》

胯 下 之 辱

秦朝末年，淮阴地区有一后生名叫韩信，他从小失去了父母，每天靠钓鱼换钱维持生活，还经常受一位靠漂洗丝绵为生的老妇人的施舍，才能勉强度日。周围的人都瞧不起他，认为他这辈子都不可能出人头地。

有一次，一群恶少想当众羞辱韩信。其中有一个屠夫，他对韩信说："你虽然长得又高又大，还喜欢带刀佩剑，其实你胆子小得很。有本事的话，你敢用你的佩剑来刺我吗？如果不敢，就从我的裤裆下钻过去。"韩信知道自己势单力薄，和他们硬拼肯定吃亏。于是，他当着许多围观者的面，从那个屠夫的裤裆下钻了过去。这件事之后，韩信给自己立下志向，以后一定要出人头地，让这些小觑他的人对他刮目相看。

多年之后，韩信通过不懈的奋斗，成了西汉的开国功臣，并被封为齐王。他再次回到淮阴，找到那个屠夫，屠夫很是害怕，以为韩信要报复他，却没想到韩信说："你们当年小觑了我，才使我立下了志向，才有了今天。"之后，韩信还让屠夫做了中尉。

狰狞

本义是传说中的奇兽，样子凶恶可怕。现在往往指一个人的性情、行为或面目十分可怕。

你知道吗？

据《山海经》记载，狰狞本是一种怪兽，雄性为狰，雌性为狞。书中描述的章莪（é）山中的狰狞，外形像赤豹，长着五条尾巴和一只角，发出的声音如同敲击石头的响声。民间则传说狰狞为面目恐怖的人形，在野外与人相遇时，先用上肢遮盖其面目，等人接近时，突然放下上肢，露出真面目，使人惊吓而死。

举个例子

还有许多西洋人在北平，东洋的武士须戴上一张面具，遮盖上狰狞的面孔。

老舍《四世同堂》

旱 魃 助 战

五千多年前，为了争夺土地，黄帝联合炎帝，与北方的蚩（chī）尤在涿（zhuō）鹿展开了一场大战。蚩尤向风神雨神求助，立刻刮起能拔树撼山的狂风，降下瀑布般的大雨。不一会儿，大地上波浪滔天，一片汪洋。黄帝召唤女神旱魃（bá）来相助。据说旱魃是僵尸变成的，相貌狰狞可怕。她的两只眼睛生在头顶上，眼神没有一丝生机，让人不寒而栗。头发是一条一条的小蛇，在肩上扭动着。身上长满密密的白毛，像秋天冰霜覆盖的枯草。旱魃每到一个地方，这个地方就会一连大旱三年，连一滴雨都不会下。放眼望去，土地一片赤红，露出一道道干裂的大口子，所有生物全部干渴而死。所以，人们听到她的名字都会发抖。但这一次，请她出面对抗风神雨神却最恰当不过。她一出现，风神雨神就立刻狼狈逃走。一下子，风停雨住，大水消失，泥泞干涸。黄帝乘机反攻，蚩尤战死，部族溃散。

汉字大玩家

请根据"你知道吗"中提供的《山海经》的描述，画出"狰狞"这种上古魔兽的样子。

[zhóu lǐ]

妯 娌

兄弟的妻子的合称；兄弟之妻相互的称呼。

你知道吗？

　　妯娌二字的形旁都是"女"。在女字旁的汉字中，表示称谓的占了不小的比例。比如大家熟悉的奶、妈、姐、妹、姨等，都是与女性亲属有关的汉字。

举个例子

　　因看你丰满红润的面庞，使我在姊妹妯娌群中，起了骄傲。

冰心 《寄小读者》

侬可凉凉去，我也凉凉去

一户人家的兄弟二人都去赶考了，妯娌两人去庙里求签，都巴望着自己的丈夫能考中。大哥的妻子求了一张签，上面写着"侬可凉凉去"。弟弟的妻子也求了一张签，上面写着"我也凉凉去"。两人感到一头雾水，但彼此什么也不说。她俩默默回到家，婆婆要求她们马上做饼，酷暑天气，两人挥汗如雨。过了一会儿，听到一群人吹吹打打上门报喜，说哥哥考中了。婆婆马上叫大媳妇："侬可凉凉去！"大媳妇看看二媳妇，高高兴兴地到旁边休息乘凉去了。二媳妇一个人接着干活，看着悠闲自得的大媳妇，气得眼泪在眼眶里打转，但又无可奈何。不一会儿，又有吹吹打打的人上门来报喜，说弟弟也考中了。二媳妇激动不已，她把擀面杖往桌上一扔，不无得意地说："我也凉凉去！"

瞧，妯娌间的争斗负气，就这样生动地表现出来了。

龇 牙 咧 嘴

本义是张着嘴巴，露出牙齿。常引申为凶狠或难以忍受的样子。

你知道吗？

"龇"的本义是露齿。"咧"的本义是向两边延伸嘴角。在方言中，"咧"可读第一声，如胡咧咧（liē lie），意为乱说，带有贬义。

"龇"和"咧"都是形声字。

举个例子

在那些血腥的日子里，潍河两岸上的狗，吃死尸都吃红了眼，见了生人就龇牙咧嘴。

峻青《秋色赋·故乡杂忆》

大 圣 偷 桃

话说齐天大圣孙悟空，在天宫当差时，代管蟠桃园。那蟠桃可是人间极品，时开时结千年熟，无夏无冬万载迟。王母娘娘亲自栽培，人吃了长生不老，能和日月同寿。大圣哪能经得住这番诱惑，便趁没人的时候，偷偷跑进园子，将园中鲜红熟透的桃子一个个摘下来，吃了个精光。

一天，王母娘娘在瑶池举行蟠桃盛会，安排仙女们去蟠桃园摘桃。仙女们来到桃园，只见树上花果稀疏，只剩几个毛蒂青皮的，原来都被大圣偷吃了。大圣从仙女口中得知蟠桃盛会没有邀请自己，他恼羞成怒，变身赤脚大仙前去赴会。瑶池中，大圣显其神通，大饱口福，吃完本来想回到府中休息，却误打误撞闯进了太上老君的住处，见到老君炼好的金丹，知道是仙家的宝贝，就像吃豆子似的吃了个干净。

吃饱喝足，大圣怕天宫怪罪，便跑回花果山。小猴们见大圣归来，欣喜若狂，奉上椰酒。大圣喝了一口，难受得张着嘴巴，皱着眉头，龇牙咧嘴地叫着："不好吃！不好吃！"

汉字大玩家

猜 谜 语

城隍庙里的判官。

（打一成语）

自夸。

你知道吗？

"诩"是个形声字，形旁是"讠"，声旁是"羽"。其中"羽"字的本义是鸟的羽毛，羽毛很轻，所以引申为轻飘。当一个人说话轻浮不踏实的时候，那就是在自我夸耀呢。

举个例子

尼采就自诩过他是太阳，光热无穷，只是给与，不想取得。

鲁迅《且介亭杂文·拿来主义》

夜 郎 自 大

汉朝时，在我国西南方有一个少数民族建立的国家，名叫夜郎国。夜郎国的国土小，百姓少，国家所拥有的物产也少得可怜。

有一天，夜郎国的国王带着自己的部下去巡查边境。他指着前方问："你们知道普天之下哪个国家最大吗？"部下为了讨国王欢心，纷纷说："当然是我们夜郎国最大啦！"国王听了开心地继续巡查。当他看到一座高山时，又问："天底下还有比这更高的山吗？"部下继续奉承道："天底下就属这座山最高了！"国王听得心花怒放，沾沾自喜地说："哈哈，我拥有全世界最大的国家，我是最伟大的国王！"

直到有一天，夜郎国迎来了一位汉朝的使者。国王对着使者自诩道："我国国土辽阔，不知道汉朝和我的国家哪一个大啊？"使者一听吓了一跳，心想：天底下竟然还有这样自以为是的国家，要知道夜郎国最多只抵得上汉朝的一个县。

后来，夜郎国因背叛汉朝落得个被灭的下场。可见，人必须对自己有客观、正确的评价，盲目地夸大自己只会导致失败。

【dǎ pēn tì】

打 喷 嚏

指由于鼻黏膜受到刺激，急剧吸气，然后很快地由鼻孔喷出并发出声音的一种人体现象。

92

你知道吗？

"喷"是个多音字。当它作形容词的时候，读 pèn，形容气味浓郁，比如：喷喷香。当它作动词的时候，读 pēn，比如：喷嚏、喷发。你能分辨清楚吗？

举个例子

（老虎）一茎胡子戳在郭孝子鼻孔里去，戳出一个大喷嚏来，那老虎倒吓了一跳。

〔清〕吴敬梓《儒林外史》

众说"喷嚏"

同学们，你们有过这样的经历吗？"阿嚏！"伴随一声巨响，憋了好久的喷嚏终于打出来了！顿时感觉浑身轻松。

"喷嚏"是生活中的常见现象，关于它，有很多不同的说法。

"思念"说。如苏轼的《元日过丹阳明日立春寄鲁元翰》："晓来频嚏为何人？"近日一直打喷嚏，究竟是因为什么人？

"说我"说。如宋代洪迈《容斋随笔》："今人喷嚏不止者，必噀（xùn）唾祝云'有人说我'，妇人尤甚。"因为打喷嚏，所以肯定是有人说我，要吐口水念咒语。这里的"说我"可理解为"说我坏话"。

"吉兆"说。如《燕北录》："戎主太后喷嚏，近侍臣僚齐声呼'治夔（kuí）离'，犹汉人呼'万岁'也。"太后打喷嚏，臣子齐喊："灾难离去啦！"百姓喊："太后万岁！"喷嚏被当成了吉祥的代表。

"不详"说。如刘侗、于奕正《帝京景物略》记：元旦五鼓时，人们如果睡在床上打喷嚏，必须马上起床，否则会生病。

由此看来，古人早在各种认识经验的基础上形成了对打喷嚏的不同说法。小小的一个喷嚏，竟有这么多有趣的说法。

【 fán lóng 】

樊笼

关鸟兽的笼子，比喻受束缚而不自由的境地。

94

你知道吗？

　　"樊"是会意兼形声字，小篆""，下面是相反的两只手，上面是篱笆，表示用手编织篱笆。在现代汉语里，"樊"也指篱笆，一种用竹子或树枝等编成的栅栏。"笼"是用竹篾、木条编成的器具。"樊"和"笼"都是对事物的限制，因此被束缚而不得自由就可以说"身在樊笼里"，又有鸟入樊笼一词。

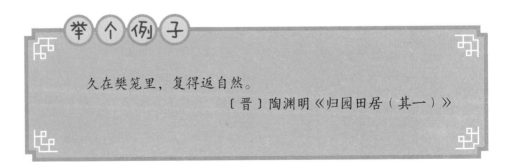

举个例子

久在樊笼里，复得返自然。

〔晋〕陶渊明《归园田居（其一）》

身陷樊笼，心系国家

　　公元 1275 年，元军大兵压境，南宋朝廷无计可施，只好求和。文天祥临危受命去和对方谈判，结果双方没谈拢。元军扣留了文天祥，并发话说如果南宋不投降，元军马上就发起进攻。在这样的威胁下，南宋朝廷很快投降了。文天祥知道后痛哭流涕，带领义军抗元救国，不幸兵败被俘，坐了三年土牢。元世祖很钦佩文天祥的忠心，把他软禁起来，每天轮番派人去劝降，但都被他骂走了。在狱中，文天祥写下了千古传诵的《正气歌》，留下了千古名句"人生自古谁无死，留取丹心照汗青"。一天，元世祖亲自来狱中，拿丞相之位劝降，但文天祥毫不动摇，只求一死。元世祖知劝降无望，就下令处死了他。刑场上，文天祥面色从容。他对监斩官说："我的国家在南方，我要面对南方而死！"说完，整整衣冠，朝南方拜了几拜，仰天长叹道："我事已毕，心无悔矣！"文天祥身陷樊笼，任凭元军百般诱惑和威逼，至死不降，一颗浩然忠心始终系着国家，真不愧是民族英雄！

方天画戟

古代兵器名称，因其戟杆上多加彩绘装饰，又称"画杆方天戟"，是顶端作"井"字形的长戟。

你知道吗？

　　"戟"为古代一种合戈、矛为一体的兵器。长柄的一端装有金属枪尖，两旁各附有月牙形的锋刃，可以直刺或横击的兵器就是戟。如果只有一侧有锋刃，那便成了兵器"戈"；要是两侧都没有锋刃，就是兵器"矛"。

　　方天画戟属于重兵器，使用时需要极大的力量和技巧，历史上善用方天画戟的主要有三国的吕布和隋唐的薛仁贵。

 举 个 例 子

　　李儒见丁原背后一人，生得器宇轩昂，威风凛凛，手执方天画戟，怒目而视。

〔明〕罗贯中《三国演义》

辕 门 射 戟

　　三国时期，袁术派大将军纪灵率领士兵三万人攻打刘备。刘备向吕布求救，吕布考虑到要是袁术打败了刘备，就会向北联合泰山的将领，自己就会处于袁术的包围之中，便决定帮助刘备。他立即派遣一千步兵与二百骑兵，奔赴刘备那里。吕布在离小沛西南一里的地方驻扎下来，派侍卫去请纪灵和刘备同来饮酒。

　　宴席上，吕布对纪灵说："玄德（刘备）是我的兄弟，如今被你们围困，我特意赶来救他。我吕布生性最不爱看别人互相争斗，只喜欢替别人解除纷争。"于是命门候在营门中竖起自己的方天画戟，对大家说："你们看我这戟上的小枝，如果我一箭射中这戟的枝尖，你们就立即停止进攻，离开这里；如果我射不中，那你们就可留下来决一死战。"说完，拉起弓，向戟射出一箭，"嗖"的一声，不偏不倚地正中画戟的枝尖。在场的人无不震惊，直夸吕布箭法高超。第二天，大家就各自撤回了军队。就这样，吕布以他精湛的箭法平息了一场厮杀。

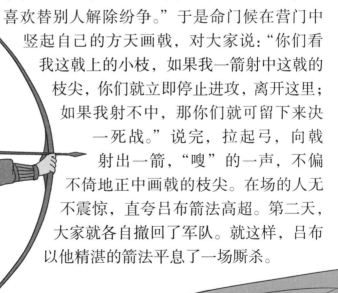

外号。

你知道吗？

历史上许多名人都有一个有趣的诨名。有的诨名有讽刺的意思，比如东汉的崔烈曾以 500 万钱买官，人称"铜臭"；宋代的奸臣秦桧，他的脚长如竹竿，还好打小报告，被人叫做"秦长脚"。有的诨名则表示赞赏，比如唐代诗人骆宾王被称为"算博士"，是因为他诗中多用数字；明代的程济则因为博学，获得了"两脚书橱"的雅号。

举个例子

那厮姓蒋名忠，有九尺来长身材。因此江湖上起他一个诨名，叫做蒋门神。

〔明〕施耐庵《水浒传》

"浪里白条"张顺

北宋徽宗时期，朝廷无能，奸臣当道，老百姓生活得非常艰难。一些忠肝义胆的英雄集聚梁山，与腐败的朝廷对抗。

梁山好汉中有一个叫张顺的人，他全身的皮肤白得像雪一样，水性特别好，可以在水底潜伏七天七夜。当他在水面穿梭时，速度极快，雪亮耀眼。因此，人们给他起了一个诨名叫"浪里白条"。

有一次，奸臣高俅带兵攻打梁山，与梁山好汉在江面上对战。正当两军打得不可开交的时候，高俅舱内的士兵突然喊道："船底漏了！"没过一会儿，船舱里灌满了水，船飞快地下沉，很快就倾斜了。原来是张顺带领水鬼营，潜入船底，用利刃割破了高俅的船，最后活捉了高俅，赢得了胜利。可见，"浪里白条"这个诨名名副其实。

汉字大玩家

《水浒传》中有一百零八将，他们的大名我们耳熟能详。你知道下列这些人物的诨名吗？

（　　）林冲　　　　（　　）宋江
（　　）吴用　　　　（　　）李逵
（　　）武松　　　　（　　）时迁

[jié jiā]

结痂

伤口或疮口表面上凝结而成的块状物形成的过程。

你知道吗？

"痂"是形声字，"疒"表意，篆书形体像一张病床，表示和伤病有关；"加"表声，这里有增加的意思，表示"痂"为皮上之皮。"痂"的字形演变过程：

| 金文 | 小篆 | 隶书 | 楷书 | 行书 | 草书 |

举个例子

年轻时的创伤，何时才能结痂？

迈克尔·康奈利《诗人》

嗜痂成癖

刘穆之是南朝的一位大将，因军功被追封为南康郡公。他死后，他的孙子刘邕（yōng）继承了南康郡公的爵位。可是这个刘邕不仅不学无术，而且骄横无赖。更令人恶心的是他有一个恶习——食痂。

有一次，刘邕到孟灵休家里去。孟灵休身上到处都长着疮。他去时，孟灵休身上的疮痂正好落了些在座位上，他就随手拾起来吃了，那津津有味的样子，仿佛是在吃美味佳肴。孟灵休非常吃惊，问他原因，他竟若无其事地说："没什么，这是我天生的嗜好而已。"孟灵休觉得这人有些怪癖，就把身上还没有落下来的疮痂都剥下来，给他吃了。

刘邕手下有官吏二百来人，不管有罪无罪，刘邕总把他们抓来轮流鞭打，直打得遍体鳞伤才住手。为什么要这样呢？原来被打的官吏身上伤痕累累，伤好后，就长满了鞭疮痂。这样，刘邕又可以饱餐一顿了。

后人用"嗜痂成癖"比喻爱好怪诞的事物已成为一种癖好。

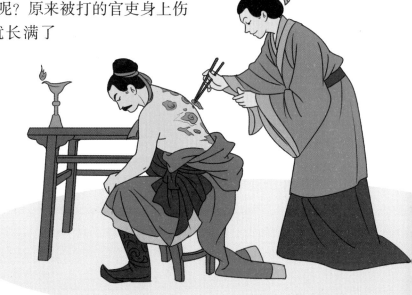

【 jué shuò 】

瞿铄

老年人很有精神的样子。

102

你知道吗？

　　瞿，小篆字形""，中间是"隹"，上面两个"目"，下面是"手"。意思是当你用手抓住猫头鹰时，它会惊慌失措，扑翅挣扎想要逃跑。所以"瞿"最初的意思是惊慌四顾的样子。后来由猫头鹰眼睛的锐利有神又引申出目光炯炯的意思。

　　登楼拾级，不赖人扶。谓公瞿铄，百年可逾。

　　　　　　　　　　〔清〕刘大櫆（kuí）《祭望溪先生文》

马 援 据 鞍

　　西汉末年，天下大乱，名将马援归顺刘秀，为刘秀统一天下立下了赫赫战功。后来，他又率兵平定了边境的动乱，威震南方。当他打了胜仗班师回洛阳时，亲友们纷纷恭维他。但马援却谦虚地说："如今，匈奴和乌桓还在北方不断侵扰，我打算向朝廷请战，当个先锋，做一个有志的男儿。"

　　马援不说空话，在洛阳仅呆了一个多月，就主动请求出征，前往北方迎战。但光武帝刘秀考虑马援年纪大了，不放心他出征，便迟迟没有回复。马援见状，就亲自去找光武帝，意志坚决地说："我虽已 62 岁，但还能披甲骑马，请皇上让我带兵去吧。"说罢，当场向光武帝表演了骑术，只见他在马鞍上轻松自如，目光炯炯。光武帝见他精神矍铄，矫健的动作不减当年，笑着说："这老翁真有精神啊！"并当场批准了他的请求。

汉字大玩家

描一描，写一写

[léi ruò]

羸弱

瘦弱。

你知道吗？

"羸"和"赢"字形相近，但是意义却大不同。"羸"字下方的中间是个"羊"，"羸"本来的意思是指"瘦羊"，后来才用来指瘦弱的人。"赢"字下方的中间是个"贝"，"贝"在古代曾作为货币之用，"赢"字的本意指经商有盈利，正是与钱财相关。

举个例子

现在只有三个疲惫、羸弱的人吃力地拖着自己的脚步。

〔奥地利〕茨威格《伟大的悲剧》

穰苴治兵

　　春秋时期，晋国和燕国进犯齐国领土，齐军大败。齐王非常忧虑，他任命穰苴（ráng jū）为将军，庄贾为监军，一同率兵去抵抗燕、晋两国的军队。

　　第二天，穰苴率先赶到营门，等待庄贾。但庄贾一向骄贵，迟迟没有露面，直到日暮时分，才缓缓到来。穰苴严肃地问："你为什么迟到？"庄贾不以为然，说："朋友们给我送行耽搁了。"穰苴说："身为将领，自接受军令起，就应当忘掉自己的家庭；擂鼓进军时，就应当忘掉自己的生命。如今敌军大犯，国家命运维系在你我身上，你居然如此怠慢！"说着大喝一声，问道："迟到之人，军法如何处置？"众军回答道："当斩！"穰苴下令将庄贾斩首，并向三军巡行示众，以振军威。

　　穰苴事必躬亲，与士兵们同吃同住，还把自己的粮食全部拿来犒赏将士。三天后，军队面貌焕然一新，士气大增，就连身体最羸弱的士兵也都要求一同奔赴战场，为国战斗。后来，齐国的军队大胜，收复了所有的失地，威震四方。

　　你能猜出下面三个分别是什么字吗？

【 qū gōng ér zhěn 】

曲 肱 而 枕

枕着弯曲的胳膊睡。形容生活恬淡，无忧无虑。

你知道吗？

　　"肱"是个形声字，"厷"是"肱"古文的写法，写做""，像人手臂的形状，手臂的下方加上一个半圆，代表手臂上鼓起的肌肉群。"肱"的本义是指上臂，手臂由肘到肩的部分，后泛指胳膊。明代作家冯惟敏写的"归来饭饱黄昏后，曲肱而枕，鼓腹而游"，这里的"肱"就是胳膊的意思。

举 个 例 子

　　子曰："饭疏食饮水，曲肱而枕之，乐亦在其中矣。不义而富且贵，于我如浮云。"

《论语·述而》

曲肱而枕，乐在其中

孔子三岁时，父亲就去世了，随后便随母亲迁居曲阜。他过着贫贱的生活，经常受到社会的冷遇，但这样的生活并没有使孔子萎靡不振。他刻苦学习，逐渐成了博学多才的人。后来，他的名气越来越大，很多人愿意把孩子送来给他做门徒。

孔子和人们谈话的时候，经常鼓励大家交流内心深处的想法。

有一次，孔子向弟子们说："各人说说让自己快乐的事，好么？"

子路说："我愿意有好车、好马、好皮袄，和朋友们一块分享。帮助别人，快乐自己。"

颜渊说："我能知足常乐。"

……

弟子们众说纷纭，这时，子路便转而问孔子："您老人家的想法呢？"

孔子说："我的追求是过安稳的日子，每天饿了能有粗粮吃，渴了有凉开水喝，困了就枕着自己的胳膊睡，这何尝不是一种乐事呢？而那些通过不正当的手段获取的权力和财富，对我来说都是浮云。"

[shú rěn]

熟稔

很熟悉。

你知道吗？

108

"稔"是一个形声字，形旁为"禾"，表示庄稼，声旁为"念"。"稔"就是庄稼成熟的意思，后引申为熟悉。熟稔的程度要比熟悉更加强烈，表示非常熟悉。又因我国古代北方黄河流域的谷物一年一熟，所以"稔"又有"年"的意思，如《左传·襄公二十七年》中的"不及五稔"就是不到五年的意思。

举个例子

那几株永远留在记忆中的，像老朋友一样熟稔亲切的古松，也隐约可辨。

魏巍《东方》

熟 能 生 巧

　　北宋时期有个射箭能手，叫陈尧咨。一天，他在家中练习射箭，十箭中有八九箭都射中靶心，看到的人都为他拍手称绝。但其中有个卖油的老头只是轻轻地点了点头，一副不以为然的样子。

　　陈尧咨见了很不高兴，问："你会射箭吗？你看我射得怎么样？"老头很干脆地回答说："我不会射箭。你射得可以，但这并没有什么奥妙，只是手法熟稔而已。"

　　陈尧咨追问老头："说得容易，那你有啥本领呢？"只见老头拿出一枚铜钱盖了了盛油的葫芦口上，接着舀了一勺油，高高举起，然后倒向钱眼。一勺油倒完了，铜钱眼上却没有沾到一滴油。

　　见到这种情景，陈尧咨十分惊讶，老头却平静地说："我也没什么奥妙好说，只不过手法熟稔而已。"

【 tuó hóng 】

酡红

喝了酒脸色发红。

你知道吗？

"酡"是个形声字，本义是酒后脸红，后来泛指脸红。《水浒传》第五十三回中写道："苍然古貌，鹤发酡颜。"说的是戴宗前去拜访公孙胜时，初次见到公孙胜的母亲，老太太虽然一头白发，但面色红润。

黄姑爷喝过几杯酒，脸上带几分酡红。

茅盾《霜叶红似二月花》

武松醉打蒋门神

武松是梁山泊一百零八位好汉之一，喜欢喝酒，嫉恶如仇，是一个大英雄。为哥哥武大郎报仇后，武松被关在孟州的牢房里。牢房里有个规矩，凡是刚进来的犯人，都会吃一顿"杀威棍"，就是被牢头打得皮开肉绽，以后就会老老实实的。但武松在牢房里，每天都有肉吃，有酒喝。原来牢头也是一个好汉，叫"金眼彪"施恩，他非常敬佩武松，在牢房里和武松结拜成了兄弟。

有一次，施恩家里的"快活林"酒楼被一个叫蒋门神的恶霸抢走了，他还被打成了重伤。武松知道后，一边喝酒一边走进了"快活林"。只见武松红着脸，醉醺醺的，蒋门神以为武松好欺负，一下子冲了上来。没想到武松乘着酒兴，耍起了醉拳，打得蒋门神屁滚尿流，为施恩夺回了酒楼。

蚬子

蚬子属于小蛤一类的软体动物，介壳圆形或心脏形，表面有轮状纹，生活在淡水中或河流入海的地方。

你知道吗？

　　古代的"虫"字，写做"蟲"，因为小虫子一般情况下都很多，所以用三虫表示数量多。"蟲"最初是动物的总称。《大戴礼记·易本命》记载有一段话，意思大概是说，有羽之蟲的种类是三百六十，以凤凰为首；有毛之蟲的种类是三百六十，以麒麟为首；有甲之蟲的种类是三百六十，以神龟为首；有鳞之蟲种类是三百六十，而以蛟龙为首；倮之蟲的种类是三百六十，以圣人为首。可见包括人在内，在古代都可以"蟲"称之。后代"蟲"的词义范围缩小，主要指昆虫，但老虎还可称大蟲，仍承袭古代的用法。

𧈙 — 𧈜 — 蟲 — 蟲 — 蟲 — 蟲 — 虫

战国　战国《说文》小篆　秦　　汉　　楷书　楷书

鲜 美 河 蚬

在江苏盐城阜宁县有一处蚬子最大的出产地——喻口，河蚬成为一道新鲜美味的佳肴，一直受到当地人的喜爱，其中还有一段鲜为人知的由来呢！

相传，清康熙二十五年秋，喻口有幸迎来了一位诗人，名剧《桃花扇》的作者孔尚任。那时淮河决口，孔尚任协助工部右侍郎孙在丰到淮扬办理疏浚（jùn）淮河入海口工程，到淤口（今喻口）一带勘察期间，每餐必点喻口蚬肉，并且赞不绝口。当年在喻口境内有四五十座煮蚬子的大灶，锅灶旁边都放置了一人深的大缸。

如今，喻口蚬肉全席更是远近闻名。蚬肉与粗纤维的韭菜一起炒，对身体特别有益。蚬肉羹、蚬肉汤、白蚬粥，让人在吮吸中得到快乐，其中的鲜美令人无比满足。蚬肉炒榆钱、凉拌蚬肉、蚬肉煎蛋、蚬肉爆槐花、蚬肉汆（cuān）腰花、蚬肉炒饭……尝一口，味极鲜美，难以言喻。

举个例子

粤人谣云："南风起，落蚬子，生于雾，成于水，北风瘦，南风肥，厚至丈，取不稀。"

〔清〕李调元《南越笔记·白蚬》

[yú jǔ]

逾矩

超越规矩、法度。

你知道吗？

　　"矩"是合体象形字，早期字形像一人分腿站立，一手握着"工"形器具（矩尺）的样子。"矩"的本义为矩尺，也就是画直角用的尺子。引申为方形、直角、法则、法度、规则。现在人们常常用"不以规矩，不能成方圆"作为格言警句，比喻行事如果没有准则，就什么事情也办不好。

举个例子

　　子曰：吾十有五而志于学，三十而立，四十而不惑，五十而知天命，六十而耳顺，七十而从心所欲，不逾矩。

《论语·为政》

从心所欲，不逾矩

　　春秋后期，鲁国诞生了一位对我国甚至全世界影响深远的文化名人，他就是孔子。孔子名丘，字仲尼，"子"是人们对他的尊称，后人还尊他为"至圣"。他是我国古代著名的大思想家、大教育家，儒家学派创始人。

　　孔子十五岁就立志学习，三十岁已能够按照礼仪的要求立足于世，四十岁遇到事情不再感到困惑，五十岁就知道哪些是不能为人力所支配的事情而乐知天命。当孔子六十岁时，能听得进各种不同的意见。一次，孔子要到陈国，经过郑国都城时与弟子失散，独自在东门等候弟子来寻找。有人就嘲笑他是"丧家犬"。孔子听了却只是笑着说："是这样！"

　　经过多年磨练，当孔子七十岁时，为人处世已可以随心所欲，却又不超出规矩。弟子们看他做什么事似乎都很随意，却处处合乎仁义礼法，并且还能楷模天下。孔子的这种思想和行为融合为一的境界，是道德的最高境界；能自觉地遵守道德规范，而不是勉强去做，这就是"从心所欲，不逾矩"。

【 yuán qiān yī miàn 】

缘悭一面

缺少一面之缘，意思是无缘相见。

116

你知道吗？

"缘"是一个形声字，本义是指衣服的包边，如衣缘，就是衣边；又引申为器物的边沿，如茅盾《蚀·追求》中"低下头去把嘴唇搁在杯缘"。还引申为缘分，如蔡元培《图画》中"画与书法为缘"。

举个例子

的确，我自己很抱歉，我和茅盾先生虽然相识，但和我们鲁迅先生竟缘悭一面。

郭沫若《蒐（sōu）苗的检阅》

郭沫若与鲁迅之间的遗憾

　　鲁迅是我国伟大的文学家、思想家、革命家。郭沫若是一位知识渊博、才华横溢的学者、诗人、翻译家。然而，在20世纪二三十年代的中国文坛上，这两位有影响力的名人因为发生一些不愉快的事情，自始至终都缺少一面之缘。

　　起初，郭沫若在不知道鲁迅是谁的情况下，直言不讳地指出自己的作品不应发表在鲁迅的后面，引起鲁迅的不愉快。本来郭沫若与鲁迅曾有见面的机会，两人同意一起合作恢复《创作周报》，但因郭沫若自身原因而中止。后来，郭沫若在革命文学创作中，受错误思想影响，把鲁迅当作批判对象，与鲁迅展开了一场激烈的论战。

　　直到1936年10月19日鲁迅病逝，郭沫若也未能与之见面。对于鲁迅作品阅读很少的他，把汇集到的鲁迅作品饱读了一遍，才认识到鲁迅的卓越贡献，并发表了文章和诗文，表达对鲁迅的深切悼念和真诚敬意。

　　正如郭沫若自己写文章说：的确，我很抱歉，我和我们鲁迅先生竟缘悭一面。

[yuàn duì]

怨恨。

你知道吗？

　　"怼"是形声字，形旁是"心"，声旁是"对"。"对"有互相抵触、互相冲突的意思，如对立、作对。底下加"心"，则表示心与心互相抵触、对抗，引申为人与人内心相互怨恨。"怼"和"怨"的意思相同，都表示怨恨。

举个例子

　　老百姓对于抗御外敌的战争，虽破家荡产，不但无所怨怼，而且起劲万分。

邹韬奋《劲儿多好！》

卧 冰 求 鲤

传说在晋朝时，有个叫王祥的人，他的母亲在他很小的时候就去世了，后来父亲又娶了妻子。但是，继母很不喜欢王祥，常常在王祥的父亲面前说他的坏话，因此父亲也不疼爱他。可王祥却从来没有怨恨过继母和父亲。父母生病时，他还尽心尽力地照顾他们。

一年冬天，王祥的继母生病了，想吃鲤鱼。但因为天气寒冷，河水结冰，无法捕捞，王祥便脱了衣服趴在冰上，用体温来融化冰块。过了很久，冰面终于裂开，跳出两条鲤鱼。王祥高兴极了，拿着鲤鱼回家烧好端给继母吃。这件事深深地感动了继母。继母死后，王祥非常悲痛，按照礼制安葬了继母。王祥的孝心被传为佳话。

[hēi xū xū]

黑魆魆

形容黑暗。

你知道吗？

"黑"是会意字，甲骨文"黑"字下面是燃烧着火的灶台，上面是方形口的烟囱，中间还有一些小点代表灰尘。汉代的许慎在《说文解字》中将"黑"解释为火所熏之色也，即黑色。"魆"是形声字，有两种意思，一是表示突然，一是表示程度深，多形容黑色。

"黑"的甲骨文

举个例子

偏是今夜又没有月色，黑魆魆的，不知他立在哪里。

〔清〕李渔《风筝误·惊丑》

"黑旋风"李逵

北宋时，沂州沂水县百丈村有一个后生，名叫李逵。这人长着黑熊般的一身粗肉，铁牛似的遍体厚皮，一头怒发好似铁刷，狰狞起来的样子就像神话故事中的凶兽。他最大的特点是浑身皮肤黑魆魆的，就像在墨汁里浸过似的，人称"黑旋风"。

李逵跟随"及时雨"宋江和"神行太保"戴宗上了梁山后，思母心切，特地回家去接老母亲上山。回家途中，遇见小贼李鬼假扮他劫道。李鬼被李逵打趴下后，谎称家中有九十老母，便被李逵放走了。恰巧当晚李逵路过李鬼家，发现李鬼不仅所言不实，还企图害他，便将他杀了。

回到家中后，李逵背着双目失明的老母亲回梁山。路过沂岭时，老母亲有些口渴，李逵就放下老母亲去接水。回来后，却发现老母亲被老虎给吃了。李逵十分伤心气愤，一怒之下，独自一人闯入老虎窝，杀了四头老虎。

附录：

"汉字大玩家"参考答案

P5：陈词滥调

P15：1.提名 2.题名

P19：疑神疑鬼 迟疑不决 满腹疑云 不容置疑

P61：令尊 家慈 高堂 足下

P67：襁褓——一岁以下 孩提——两至三岁 金钗之年——女孩十二岁 豆蔻年华——女子十三四岁 弱冠——男子二十岁

P71：瞪 瞄 睹 盯 眺

P89：龇牙咧嘴

P99：豹子头 及时雨 智多星 黑旋风 行者 鼓上蚤

P105：羸 赢 嬴

图书在版编目（CIP）数据

汉字风云会　有趣的汉字王国. ①/《汉字风云会》
栏目组编著；关正文总策划. －福州：福建教育出版社，
2017.11
　ISBN 978-7-5334-7910-7

　Ⅰ.①汉…　Ⅱ.①汉…　②关…　Ⅲ.①汉字－通俗读物
Ⅳ.①H12-49

　中国版本图书馆 CIP 数据核字（2017）第 264175 号

Hanzi Fengyunhui Youqu de Hanzi Wangguo

汉字风云会　有趣的汉字王国①

《汉字风云会》栏目组　编著

关正文　总策划

出版发行	**海峡出版发行集团**
	福建教育出版社
	（福州市梦山路 27 号　邮编：350025　网址：www.fep.com.cn
	编辑部电话：0591－83779650
	发行部电话：0591－83721876　87115073　010－62027445）
出 版 人	江金辉
印　　刷	福州华彩印务有限公司
	（福州市福兴投资区后屿路 6 号　邮编：350014）
开　　本	710 毫米×1000 毫米　1/16
印　　张	8.25
字　　数	119 千字
版　　次	2017 年 11 月第 1 版　2017 年 11 月第 1 次印刷
书　　号	ISBN 978-7-5334-7910-7
定　　价	25.00 元

如发现本书印装质量问题，请向本社出版科（电话：0591－83726019）调换。